돈을 알면 세상이 보일까?

돈은 인간 노동과 삶을 소외시키는 정수이며
인간이 돈을 숭배하면 할수록 돈이 인간을 지배하게 된다.

칼 마르크스, 《유대인 문제에 관하여》 중에서

청소년 지식수다 5

돈을 알면 세상이 보일까?

알렉상드르 메사제 지음 | 김보희 옮김 | 노상채 감수

내인생의책

　최근 우리 사회에는 '달관 세대'라는 말이 유행처럼 번지고 있다. 달관 세대란 큰 돈벌이나 사회적인 성공에 관심을 두지 않고 현재의 삶에 만족하며 살아가는 젊은이들을 가리키는 말이다. 얼핏 들으면 마치 이들이 세속적인 가치를 초월해 멋지게 살아가는 바람직한 젊은이들인 것 같다.

　그런데 달관 세대가 등장하게 된 배경을 살펴보면 씁쓸한 마음이 든다. 2000년대 들어 수많은 비정규직 일자리가 양산됐고, 젊은 청년들은 제대로 된 일자리를 찾지 못해 큰 어려움을 겪었다. 청년 실업 문제를 해결해야 한다는 사회적인 목소리가 높아갔지만 상황은 갈수록 나빠졌다. 경제적인 어려움 때문에 연애와 결혼, 출산을 포기한 '삼포 세대'가 등장했고, 비정규직 청년들의 월 평균 임금이 88만원에 불과하다고 하여 '88만원 세대'라는 호칭마저 등장했다.

　달관 세대의 등장은 이처럼 참혹할 정도로 어려운 경제 상황 때문에 생겨난 현상이다. 사회적인 성공이나 큰 돈벌이에 초월했기 때문이 아니라, 꿈과 희망을 포기한 젊은이들이 너무나도 많아졌기 때문에 생겨난 말이다. 젊음의 패기로 당당히 살아가야 할 젊은이들이 꿈과 희망을 포기했다는 사실을 의미한다는 점에서 달관 세대의 등장은 우리의 앞날에 드리운 짙은 그림자요 걱정거리다.

돈은 참으로 불가사의한 물건이다. 우리를 웃게도 만들고, 울게도 만드는 돈. 돈 때문에 희망을 품기도 하고, 돈 때문에 꿈을 버릴 수밖에 없는 현실 속에서 우리가 살아가고 있다. 물질만능주의가 팽배한 사회가 되면서 인간이 돈을 지배하는 것인지 돈이 인간을 지배하는 것인지 모를 세상이 되었다. 과연 인간에게 돈이란 무엇일까? 우리는 도대체 언제부터 돈을 만들어 사용하기 시작했을까? 인간은 돈 없이도 행복하게 살아갈 수 있을까?

이 책은 돈에 대한 수많은 질문들에 해답을 제시하는 책이다. 돈과 관련한 53개 키워드를 알파벳순으로 정리하여 독자가 '돈의 진실'에 가까이 다가설 수 있도록 도와준다. 화폐의 발생부터 전자 화폐의 발명에 이르기까지 돈에 대한 모든 것을 다양한 시각에서 바라 본 것이 이 책의 가장 큰 특징이다. 이 책은 돈과 관련한 단편적인 지식만을 전달하는 것이 아니라 경제 위기, 은행, 금융 산업까지 아우르는 돈에 대한 다양한 이슈를 속속들이 짚는다. 독자는 이 책을 통해 돈의 진정한 의미가 무엇인지에 대해 진지하게 돌아볼 기회를 갖게 될 것이다. 부디 이 책을 통해 경제와 돈에 대한 균형 잡힌 시각을 갖게 되길 소망한다.

노상채 조선대학교 경제학과 명예교수

누구나 어린 시절 한번쯤은 돼지 저금통에 '땡그랑' 하고 동전 한 닢을 넣어 본 기억이 있을 것이다. 누구에게나 생애 최초로 부(富)의 원천인 돈과 만나는 역사적인 순간이 있다. 바로 그 순간부터 우리는 내가 가진 재산이 얼마인지 계산하고 따져 보며 살아가게 된다. 그런 게 인생이다. 아주 어린 시절부터 돈과 맞닥뜨려 목숨이 다하는 순간까지 돈과 함께 아등바등 살아가는 것이 평범한 사람들의 삶이다.

돈에 대한 우리의 태도는 내가 은수저를 입에 물고 태어났는지, 아니면 가난한 집에서 태어나 자랐는지에 따라 달라지기도 한다. 또한 돈의 힘은 강력해서 세상을 보는 눈까지 바꾸어 놓기도 한다. 이렇게 돈은 우리 삶에 매우 큰 영향력을 행사한다.

한 가지 분명한 사실은 돈이 가진 존재의 의미를 깨닫는 순간 돈은 우리 인생에서 가장 친한 친구이자 동반자로 다가온다는 점이다. 저마다 필요로 하는 돈의 액수는 다르겠지만 우리는 열심히 일해서 돈을 번다. 지금보다 더 잘 살기 위해서 아니, 인간다운 삶과 기본적인 생존을 위해서 돈이 반드시 필요하다는 사실을 우리 모두 잘 알고 있다.

때때로 인생에는 돈보다 중요한 것들도 많다는 이야기를 하기 위해 "행복은 돈으로 살 수 있는 것이 아니다."라는 말을 하기도 한다. 하지만 낭비하지 않고 최소한의 소비만 하고 살아가더라도 결국 우리에게 돈이 필요하다는 것은 변함없는 사실이다. 2010년에 발표된 한 통계에 따르면 하루에 1.25달러(한화 약 1,400원)조차 못 버는 사람들이 전 세계에 무려 15억 명 이상 존재한다고 한다. 이들이 굶어 죽을 걱정 없이 살아가기 위해서는 그보다 많은 돈이 필요하다. 그런데 전 재산이 10억 달러 이상인 천여 명의 세계 최고의 부자들이라고 해서 돈이 필요치 않는 것은 아니다. 돈이 많든 적든 누구에게나 돈은 필요하다.

어린 시절부터 우리는 이미 돈이라는 존재와 마주해 왔고 돈은 우리와 떼려야 뗄 수 없는 관계였다. 원하든 원하지 않든 돈과 함께 가야 한다면 이 책을 통해 돈에 대해 더 잘 알아 두는 편이 좋지 않을까? 누군가에게는 성공과 권력의 상징이지만 다른 이에게는 삶의 족쇄가 될 수도 있는 돈. 그러한 돈의 과거와 현재를 잘 알아 두는 것은 충분히 가치 있는 일일 것이다.

차 례

차례

은어

우리 눈에 보이는 돈의 겉모습은 그저 허상에 불과하다. 돈의 이면
에는 언제나 권력이 숨어 있다. 은어는 이런 돈의 이면에 감춰진 권
력을 폭로하는 역할을 한다.

Argot

현대 정신분석학의 아버지인 지그문트 프로이트(Sigmund Freud)는 인간이 위선적인 태도를 보이는 주제로 대표적인 두 가지를 들었다. 그 두 가지는 바로 돈과 성(性)이다. 프로이트에 따르면 돈에 대해 이야기할 때 인간은 성에 대해 이야기할 때와 비슷한 반응을 보인다고 한다. 일반적으로 우리는 성에 대해 이야기할 때 자기도 모르는 사이에 의식과 무의식, 절망, 꿈, 무기력 등에 대해 이야기하는데 돈에 대해 이야기할 때도 마찬가지라는 것이다.

사람들은 돈이나 성을 주제로 대화할 때 자주 은어를 사용한다. 그 이유는 돈과 성이 워낙 민감한 주제이기 때문이다. 사람들은 민감한 주제에 대해 직설적으로 말하기를 꺼린다. 돈이나 성과 같은 민감한 주제에는 필연적으로 사회적인 금기가 생기기 마련이다. 그런데 은어는 사회가 만들어 낸 금기를 피해 돌려 말할 수 있는 훌륭한 수단이다. 게다가 현실을 콕 찔러 표현할 수 있기 때문에 사람들은 은어를 즐겨 사용한다.

그런가 하면 은어는 일상적으로 사용하는 말들을 비틀어 금기를 깨는 역할을 하기도 한다. 돈이나 성처럼 말하기 껄끄러운 주제를 비틀어 표현함으로써 일종의 심리적 쾌감을 얻기도 한다.

그러므로 돈이나 성에 대한 은어가 세상에 넘쳐나는 것은 그다지 놀라워할 일이 아니다.

영어나 프랑스어만 해도 돈과 성에 대한 은어는 수천 가지가 넘는다. 한국어도 크게 다르지 않아서 돈에 대한 은어가 꽤 많다. 쩐, 땡전, 돈푼, 뼁 등 돈을 가리키는 꽤 많은 은어들이 등장했다 사라지고 있다. 또 백만 원, 천만 원 등의 특정한 금액을 1장이라고 표현한다거나, 4천 원을 4천만 원으로 일부러 과장되게 바꾸어 표현하는 경우도 있다. 이는 한국어 은어만의 고유한 특징이기도 하다.

우리는 표현의 자유를 보장받는 사회에 살고 있지만, 아직까지도 이렇게 돈을 간접적인 방식으로 언급하는 경우가 많다. 돈에 대해 언급하는 일을 금기시하는 분위기가 남아 있는 한 돈에 대한 은어는 발달할 수밖에 없다. 또한 돈은 소수의 부유층보다는 보통 사람들에게 한층 더 민감한 주제다. 그렇기 때문에 돈에 대한 은어는 대개 대중적으로 널리 사용된다.

은어는 집단에 따라 다양하게 발달하기 마련이다. 그런데 세상에는 돈과 관련된 수많은 집단과 조직이 있다. 그 수를 헤아릴 수 없을 만큼 돈에 대한 은어가 많은 것은 바로 그 때문이다. 실제로 전 세계적으로 널리 사용하는 영어에는 돈에 대한 은어가 이렇게나 많다.

bones, bread, buck, buck age, C., cabbage, cake, century note, change, chips, clam, deuce, dinero, do-re-me, double saw, dough, ducats, geetis, gold, G., jack, lace, moolah, necessary, pounds, rivets, rocks, lettuce, long bread, long green, mazuma, mint, sawbuck, scratch, shekels, silver, simoleon, single, smacker, fin, spinach, spondulicks, Suzy, wampum, wherewithal, yard, ace, ...

● 연관 키워드

은어 | 은행 | 비트코인 | 자본 | 영화 | 위조 | 신용 | 신용 카드 | 크로이소스 | 달러 | 기부 | 전자 화폐 | 유로 | 금융 | 일확천금 | **프로이트** | 이익 | 게임 | 금 | 아르파공 | 유산 | 강도 | 면죄부 | 인플레이션 | 보석 | 제롬 케르비엘 | 존 메이너드 케인스 | 돈세탁 | 복권 | 사랑 | 마피아 | 미다스 | 백만장자 | 화폐 | 돈의 재료 | 돼지 저금통 | **권력** | 행복의 조건 | 몸값 | 월급 | 스크루지 맥덕 | **성** | 은수저 | 스포츠 | 세금 | 보물 | 사이비 종교 | 물질만능주의 | 월 스트리트 | 물물교환 | 위안 | 여피족 | 에밀 졸라

은행

Bank

돈에 대해 이야기하면서 '은행'이라는 단어를 빼놓을 수는 없다. 은행은 현대인들이 돈을 거래하기 위해 가장 많이 찾는 장소 중 하나다.

은행의 종류는 크게 두 가지로 분류할 수 있다. 개인이 경영하는 민간 은행과 국가가 운영하는 국책 은행으로 나뉜다. 둘 중에 어떤 은행이든 은행은 개인이나 기업, 정부 등의 돈을 받아 각종 금융 거래를 통한 투자로 이익을 얻는다. 다시 말해서 은행은 개인이나 기업에게서 돈을 빌려 이윤을 남기는 기관인 셈이다.

그렇다면 은행은 언제 생겨났을까? 당연한 말이겠지만 화폐가 처음 발명되자마자 은행이 생겨나지는 않았다. 은행이 없던 고대에는 은행 대신 오늘날의 환전상과 비슷한 사설 금융업자들이 있었다. 이들은 화폐를 사고팔거나 사람들이 맡긴 돈을 융통해 이윤을 남겼다. 사설 금융업자의 활동은 중세까지 지속되었으며 15세기에 이르러서야 '은행'이라는 단어가 처음 등장했다. 이 시기에는 회계, 신용장 등과 같은 은행과 관련된 개념도 함께 생겨났다. 대규모 거래에서 없어서는 안 될 이 두 개념 덕분에 금융업은 점차 공식적인 산업으로 자리 잡기 시작했다.

초기의 은행들은 한 가문이 경영하는 가족 은행에서 출발한 경우가 많았다. 대표적인 예로 이탈리아의 메디치 은행을 꼽을 수 있다. 메디치 은행은 로마 교황청의 주거래 은행으로 이용될 정도로 크게 번성한 은행이었다. 그 뒤로 은행은 점차 발달했고,

1609년에는 암스테르담에 세계 최초의 국립 은행이 생겨났다.

19세기의 은행은 개인이 저축한 돈을 기업에 빌려주는 방식으로 수익을 남겼다. 하지만 20세기에 들어서면서 은행이 하는 일이 더 광범위해졌다. 기존의 '저축 은행'보다 더 넓은 의미의 '투자 은행'으로 변모하기 시작한 것이다. 은행은 이제 보험이나 적금 상품 등 각종 금융 상품을 판매하는 일 외에도 예금자를 대신해 재산을 관리해 주는 등의 다양한 서비스를 제공하고 있다. 그뿐만이 아니다. 오늘날의 은행은 이익을 내기 위해 큰돈을 주식에 투자하기도 한다. 은행은 이렇게 유구한 역사를 거쳐 발전해 왔으며 오늘날까지도 계속해서 그 역할을 바꾸어 가며 성장을 거듭해 나가고 있다.

●연관 키워드

은어 | **은행** | 비트코인 | 자본 | 영화 | 위조 | **신용** | 신용 카드 | 크로이소스 | 달러 | 기부 | 전자 화폐 | 유로 | **금융** | 일확천금 | 프로이트 | 이익 | 게임 | 금 | 아르파공 | 유산 | 강도 | 면죄부 | 인플레이션 | 보석 | 제롬 케르비엘 | 존 메이너드 케인스 | 돈세탁 | 복권 | 사랑 | 마피아 | 미다스 | 백만장자 | 화폐 | 돈의 재료 | 돼지 저금통 | 권력 | 행복의 조건 | 몸값 | 월급 | 스크루지 맥덕 | 성 | 은수저 | 스포츠 | 세금 | 보물 | 사이비 종교 | 물질만능주의 | **월 스트리트** | 물물교환 | 위안 | 여피족 | 에밀 졸라

비트코인

비트코인은 2009년 사토시 나카모토라는 정체불명의 컴퓨터 프로그래머가 만든 가상 화폐다. 사토시 나카모토가 누구인지는 아무도 모르지만 비트코인은 21세기 들어 전 세계에서 가장 주목받는 화폐가 되었다.

Bitcoin

가상 화폐는 특정 개인이나 회사가 만들고 관리하며 그들이 운영하는 시스템 안에서만 사용할 수 있다. 하지만 비트코인은 기본적으로 불특정 다수의 사람들이 사용할 수 있는 가상 화폐다. 또한 비트코인은 사용자가 직접 참여해 만들고 사용하는 화폐다. 비트코인을 개발한 사람조차 일절 유통에 개입하지 않는 개방적인 구조의 가상 화폐다.

비트코인을 만드는 방법은 굉장히 흥미롭다. 컴퓨터로 어려운 암호 문제를 풀면 그 대가로 비트코인을 받을 수 있는데, 이 과정을 '채굴(mining)' 혹은 '캔다(mine)'고 한다. 하지만 문제가 매우 어려워 코인을 얻는 일은 쉽지 않다. 또 개발자가 전 세계 총 생성량을 2100만 비트코인까지만 채굴할 수 있도록 제한했기 때문에 비트코인을 무한정 벌 수는 없다.

비트코인은 전자 상거래에 사용될 뿐만 아니라 실제 상점에서 돈으로 사용할 수 있다. 현재 전 세계 6만여 개의 기업과 일반 상점 4천여 곳에서 비트코인을 결제 수단으로 인정하고 있으며, 한국에서도 비트코인 결제가 가능한 상점이 40개 이상으로 늘어났다. 2014년 기준으로 비트코인의 환율은 1비트코인당 약 40만 원이다. 사용자들은 각각의 고유한 주소를 가진 지갑을 만든 뒤

이 지갑을 통해 비트코인을 거래한다.

그러나 비트코인은 익명으로 돈을 거래하는 특성상 뇌물 수수 등 범죄에 악용될 소지가 크다. 게다가 경제 상황에 따라 가치가 급격히 변동하는 등 안정성이 낮아 공식적인 화폐로 사용하기에는 부적합하다는 평가가 많다. 이러한 우려 때문에 여러 나라에서도 비트코인 사용을 규제하려는 움직임을 보이고 있다. 한국에서도 "발행 기관이 모호하다는 점 등으로 현행 법령상 화폐 및 전자 화폐는 물론 금융 상품으로서의 요건도 충족하지 못한다는 결론을 내렸다."며 비트코인을 화폐로 인정하지 않겠다고 정부가 공식발표했다. 비트코인의 미래가 앞으로 어떻게 될지는 좀 더 지켜봐야 할 듯하다.

● 연관 키워드

은어 | 은행 | **비트코인** | 자본 | 영화 | 위조 | 신용 | 신용 카드 | 크로이소스 | 달러 | 기부 | **전자 화폐** | 유로 | 금융 | 일확천금 | 프로이트 | **이익** | 게임 | 금 | 아르파공 | 유산 | 강도 | 면죄부 | 인플레이션 | 보석 | 제롬 케르비엘 | 존 메이너드 케인스 | 돈세탁 | 복권 | 사랑 | 마피아 | 미다스 | 백만장자 | **화폐** | 돈의 재료 | 돼지 저금통 | 권력 | 행복의 조건 | 몸값 | 월급 | 스크루지 맥덕 | 성 | 은수저 | 스포츠 | 세금 | 보물 | 사이비 종교 | 물질만능주의 | 월 스트리트 | 물물교환 | 위안 | 여피족 | 에밀 졸라

자본

돈에 대해 이야기하면서 독일의 철학자이자 경제학자인 칼 마르크스에 대해, 그리고 그가 1867년에 펴낸 《자본론》에 대해 언급하지 않을 수는 없다.

Capital

마르크스가 《자본론》을 쓰기 시작한 이유는 자본주의를 비판하기 위해서였다. 그는 자본주의 체제 안에서 생산 수단을 가진 기업가나 자본가에게는 오직 한 가지 목표만이 존재한다고 보았다. 바로 노동자와 직원들을 희생시켜 가능한 많은 돈을 벌어들이는 것이다. 마르크스는 《자본론》을 통해 자본가의 목표는 잉여 가치를 최대한 많이 생산하는 것일 뿐 다른 목적은 없다고 주장했다. 마르크스는 자본이 노동자를 착취하는 사회적인 구조를 만들어 낸다고 보았고 이것을 '자본주의적 착취'라고 불렀다. 자본주의적 착취 관계란 자본가가 노동자의 노동에 대해 정당한 대가를 지불하지 않고 자신의 이익을 쌓는 것을 의미한다.

그렇다면 자본이란 개념은 언제부터 생겨난 것일까? 자본이라는 뜻의 영어 단어 캐피털(capital)은 가축을 사고파는 행위에 그 어원을 두고 있다. 영어의 조상 격인 라틴어에는 카피탈리스(capitalis)라는 단어가 있다. 카피탈리스는 '머리'를 뜻하는 카풋(caput)이라는 라틴어에서 파생된 말이다. 라틴어를 사용하던 당시 사람들은 소나 양 등 가축의 머릿수가 스무 마리가 되면 이를 큰 자본으로 여겼다고 한다.

자본이란 말은 돈을 가리키는 표현이지만 경제학에서 쓰일 때는 꼭 돈만을 의미하지는 않는다. 경제학에서는 상품을 생산하는 수단은 모두 자본이 된다. 예를 들면 회사 컴퓨터의 경우에도 컴퓨터를 사기 위해서는 돈이 들기 때문에 컴퓨터를 자본의 일종으로 간주한다.

자본의 종류

자본이라는 단어를 들으면 경제적인 의미의 자본이 가장 먼저 떠오른다. 하지만 자본의 형태는 무척 다양하다. 개인이 가진 능력이나 노하우 등 사람들이 소유한 무형의 자원을 일컫는 '문화적 자본', 사람들 사이의 관계가 곧 자본이 된다고 보는 '사회적 자본', 사회적인 인정으로부터 생겨나 사회 전체에 영향을 끼치는 '상징적 자본' 등을 들 수 있다. 이 개념들은 프랑스의 사회학자 피에르 부르디외(Pierre Bourdieu)가 발전시킨 것으로 사회 속에서 한 개인이 지니는 모든 가치를 자본으로 본 것이다.

● 연관 키워드

은어 | 은행 | 비트코인 | 자본 | 영화 | 위조 | 신용 | 신용 카드 | 크로이소스 | 달러 | 기부 | 전자 화폐 | 유로 | 금융 | 일확천금 | 프로이트 | 이익 | 게임 | 금 | 아르파공 | 유산 | 강도 | 면죄부 | 인플레이션 | 보석 | 제롬 케르비엘 | 존 메이너드 케인스 | 돈세탁 | 복권 | 사랑 | 마피아 | 미다스 | 백만장자 | 화폐 | 돈의 재료 | 돼지 저금통 | 권력 | 행복의 조건 | 몸값 | 월급 | 스크루지 맥덕 | 성 | 은수저 | 스포츠 | 세금 | 보물 | 사이비 종교 | 물질만능주의 | 월 스트리트 | 물물교환 | 위안 | 여피족 | 에밀 졸라

영화

영화는 사회를 비추는 거울이다. 서부 영화에서부터 사극, 판타지, 코미디, 추리, 로맨스, 현실주의 영화에 이르기까지 그동안 모든 장르의 영화가 '돈'에 대한 이야기를 다양한 형태로 다루어 왔으며 앞으로도 그럴 것이다.

Cinema

영화는 인간의 특성을 잘 나타내 주는 매체다. 특히 돈에 대한 인간의 태도를 극명하게 보여 주는 돋보기로 기능하는 경우가 많다. 일단 영화에는 많은 사람들이 등장한다. 착한 사람, 나쁜 사람, 탐욕주의자, 위선자, 구두쇠, 복수심에 불타는 사람, 편집증 환자, 쾌락주의자, 사기꾼 등 다양한 인물들이 등장해 서로 갈등한다. 영화에 등장하는 인물 중에는 권력자들도 있다. 영화에 등장하는 권력자들은 다른 사람을 무너뜨리고 억압하는 데 막대한 돈을 들이기도 한다. 실제 인생과 마찬가지로 영화 속에서도 돈으로 인해 사랑, 열정, 배신, 명예, 우정, 권력, 죄책감 등 일련의 감정들이 소용돌이치는 것이다.

대중적으로 사랑받는 영화에는 반드시 갈등이 있다. 갈등을 그려 내는 영화 속에는 모험, 사랑, 전쟁 등과 같은 흥미진진한 이야기가 펼쳐지게 마련이다. 그런데 인간의 갈등을 소재로 한 이야기 속에는 우리의 욕망이 고스란히 담겨 있는 경우가 많다. 주인공들은 욕망 때문에 고뇌하며 욕망 때문에 행동한다. 그리고 그 행동을 통해 자신의 인생을 바꾸곤 한다.

특히 돈과 관련한 인간의 욕망을 다룬 영화들은 인물들의 행동이 더 극적이어서 때로는 살인이라는 비극적인 결말로 치닫기도 한다. 그만큼 돈에 대한 인간의 탐욕이 크다는 이야기일 것이다.

영화를 보면 나라마다 돈에 대한 인식이 어떻게 다른지 알 수 있다. 미국 할리우드와 한국 충무로의 영화들을 단순 비교해 보아도 서로 얼마나 다른 방식으로 돈을 그리고 있는지 쉽게 알 수 있다. 자본주의의 심장인 미국에서는 돈이 하나의 종교처럼 여겨진다. 그래서인지 미국 영화에서는 상류층의 백만장자들이 돈과 권력을 두고 싸우는 모습이 영화에 자주 나타난다.

한국 영화에도 물론 돈이 등장한다. 하지만 "행복은 돈으로 살 수 없다."는 격언이 옳다는 사실을 확인하고 싶은 듯 돈에 대해서 매우 교훈적인 주제를 다루는 경향이 높다. 그런데 재미있게도 미국 영화와 한국 영화 사이에는 큰 공통점이 하나 있다. 영화 속에서 가장 매력적으로 그려지는 인물은 대개 부유층이 아닌 가난하고 평범한 사람들이라는 점이다.

● 연관 키워드

은어 | 은행 | 비트코인 | 자본 | 영화 | 위조 | 신용 | 신용 카드 | 크로이소스 | 달러 | 기부 | 전자 화폐 | 유로 | 금융 | 일확천금 | 프로이트 | 이익 | 게임 | 금 | 아르파공 | 유산 | 강도 | 면죄부 | 인플레이션 | 보석 | 제롬 케르비엘 | 존 메이너드 케인스 | 돈세탁 | 복권 | 사랑 | 마피아 | 미다스 | 백만장자 | 회폐 | 돈의 재료 | 돼지 저금통 | 권력 | 행복의 조건 | 몸값 | 월급 | 스크루지 맥덕 | 성 | 은수저 | 스포츠 | 세금 | 보물 | 사이비 종교 | 물질만능주의 | 월 스트리트 | 물물교환 | 위안 | 여피족 | 에밀 졸라

위조

인간은 창조적인 존재이지만 동시에 타고난 위조꾼이라는 사실도
부정할 수 없다.

Counterfeit

인류가 만들어 낸 발명품 중 상당수는 자연의 모습을 본뜬 경우가 많다. 모방은 어떤 면에서 인간의 본질적인 속성인 셈이다. 그러므로 모조품 생산과 같은 각종 위조 행위가 아주 오래전부터 일어났다는 사실은 크게 놀랄 만한 일이 아니다. 특히 위조 화폐는 화폐가 발명되기가 무섭게 등장했다. 심지어 오늘날과 같은 지폐나 주화가 아니라 카카오 열매를 돈처럼 사용했던 때에도 가짜 카카오 열매를 만들어 사용하는 위조 행위가 존재했을 정도다.

최초로 지폐가 발명되자 화폐 위조 기술은 강력한 사회적 파장을 몰고 왔다. 그도 그럴 것이 지폐는 그동안 사용하던 동전보다 가볍고 휴대하기 편했기 때문에 더 많은 금액을 거래하기에 적합했다. 그 때문에 수많은 조직 폭력단이 위조지폐 제작에 뛰어들었고 전문적인 위폐 제작 기술을 가지게 되었다. 이탈리아, 미국, 중국, 일본, 러시아 등 국적을 막론하고 전 세계 폭력단은 너 나 할 것 없이 위조지폐 생산에 열을 올렸다.

오늘날에도 위조지폐의 불법 거래는 여러 나라에 거점을 두고 이루어지고 있다. 각국의 수사 기관에서는 이에 맞서기 위해 위조지폐를 제작해 해외로 유출시키는 자들을 집중적으로 단속하고 있다.

놀라운 사실은 한 국가의 정부가 화폐 위조에 직접 관여하거나 화폐 위조를 돕기도 한다는 점이다. 어떤 국가가 경쟁 국가의 경제를 무너뜨리고자 할 때 가장 쉬운 방법은 해당 경쟁국의 화폐를 위조해 배포하는 것이다. 시중에 화폐량이 늘어나면 화폐의 가치가 하락하고 물건 값이 치솟는데 이는 평범한 사람들의 삶을 궁핍하게 만든다. 벌어들이는 월급의 가치는 갈수록 낮아지는데 시장 물가가 계속해서 높아지면 어떻게 될까? 빵 한 개 사 먹는 데도 엄청난 부담을 느껴야 하는 상황에 이를 수 있다. 이러한 현상을 '인플레이션'이라고 한다. 실제로 한 국가의 시장에 화폐를 막대하게 투입하면 물가가 상승해 인플레이션이 발생한다. 거기서 더 나빠지면 아예 통제가 불가능한 초인플레이션(hyperinflation) 상황에까지 이를 수 있다.

영국의 경제학자인 존 메이너드 케인스(John Maynard Keynes)

모조품

위조 기술은 화폐에만 국한되는 이야기가 아니다. 위조 기술로 만든 모조품은 전 세계에 걸쳐 거래되고 있다. 모조품은 주로 대규모의 자금이 오고 가는 사치성 산업에서 대량으로 거래된다. 특히 고급 의류나 향수, 보석 등의 모조품이 가장 많이 생산된다. 이들 모조품은 중국, 인도, 동남아시아 등 노동자 임금이 저렴한 국가에서 만들어져 선진국으로 흘러든다.

는 한 국가에서 폭동이 일어나게 만드는 가장 좋은 방법은 그 나라의 화폐 가치를 떨어뜨리는 것이라고 말한 바 있다. 실제로 제2차 세계 대전 당시 독일군은 이른바 '베른하르트 작전(Operation Bernhard)'을 실행했다. 베른하르트 작전이란 5파운드, 10파운드, 20파운드, 50파운드짜리 위조지폐를 수백만 장 찍어 영국에 배포하는 작전으로 영국 경제를 붕괴시키는 것이 그 목적이었다.

Credit

신용

"은행에서 신용 대출을 받을 거야."라는 말을 들어 본 경험이 누구나 있을 것이다. 이렇게 '신용'이라는 단어는 일상생활에서 흔히 쓰인 다.

Credit

일상생활에서 신용이란 말은 이제는 너무나 자주 들을 수 있다. 이를테면 마트나 슈퍼마켓의 계산대 근처에서 '신용 카드 됩니다'라는 문구를 보지 못한 사람은 흔치 않을 것이다. 은행에서도 신용 정보를 조회한다거나, 신용 평가가 좋다거나 하는 말을 일상적으로 사용한다. 이처럼 신용이라는 말은 돈이 존재하고 있는 곳이면 어디든 따라다닌다.

그런데 꼭 돈과 관련되지 않아도 사람에게 '신용한다'는 표현을 사용할 때도 많다. "이 젊은이는 신용할 수 있어."와 같은 말을 할 때는 신용이라는 단어에 믿고 따를 수 있다는 뜻이 포함된다. 결국 신용이라는 말은 전적으로 신뢰할 수 있다는 뜻을 담고 있는 셈이다. 다시 말하자면 은행에서 신용이라는 말은 '어떤 사람을 경제적으로 신뢰할 수 있다'는 의미로 사용하는 것이다. 신용 카드(Credit card)에 사용되는 영단어 크레디트(credit)가 '믿다'라는 뜻의 라틴어 크레데레(credere)에서 파생된 것도 결코 우연이 아니다.

신용을 담보로 돈을 빌리고 빌려주는 신용 대출에는 언제나 두 명의 당사자가 있다. 하나는 돈을 빌려주는 쪽인 '대출 기관'으로 주로 은행이나 대출 전문 업체가 해당되며 또 다른 쪽은 돈을 빌리는 '대출자'로 개인이나 기업, 국가가 해당된다. 일반적으로 돈을 빌리기 위해서는 대출자가 대출 기관에 자신이 돈을 갚을 능력이 있음을 입증해야 한다. 대출 기관, 특히 은행은 일단 대출자를 신뢰할 수 있다고 판단하면 이자를 적게 받고 돈을 더 많이 빌려주는 경향이 있다.

돈을 빌린 대출자는 은행에 이자를 낸다. 여기서 이자는 대출금에 대한 사용료와 마찬가지다. 예를 들어 은행이 대출자에게 10만 원을 빌려주고 돌려받을 때는 11만 원을 받기로 했다고 하자. 이때 차액인 만 원이 바로 이자에 해당한다.

신용 대출의 역사

신용 대출의 시작은 은행이라는 기관이 생기기 훨씬 전의 일이다. 아주 오랜 옛날, 기원전 1750년까지 거슬러 올라가야 비로소 신용 대출이 시작된다. 당시의 신용 대출은 사금융 업자들이 일삼았던 '고리(高利)대금업'이었다. 이자를 그들 마음대로 자유롭게 지정할 수 있었던 탓에 항상 지나치게 높은 이자를 내야만 돈을 빌릴 수 있었다. 10만 원을 빌리면 15만 원을 갚아야 하는 식이었다. 10만 원은 원금이고 5만 원은 이자인 셈인데 이런 이자율은 현재와 비교해도 터무니없을 정도로 높은 수준이었다. 그래서 중세 시대에는 신용 대출업을 교회에서 금지했다. 대출 행위가 교회가 말하는 자비의 원칙과는 정반대의 목적을 추구한다고 여겼기 때문이다.

은행이 대출자를 그다지 신뢰하지 않는다면 대출 자체를 거절하거나 높은 이자를 받고 돈을 빌려주는 경우가 많다. 하지만 대출 시장은 정부에 의해 체계적으로 관리되고 있어서 아무리 은행이라고 해도 최대 이자율, 즉 '대부업 최고 금리'를 넘는 이자를 받을 수는 없다. 우리나라는 현재 법정 최대 이자율을 34.9퍼센트로 한정하고 있으며, 이보다 높은 이자율은 불법이다.

●연관 키워드

은어 | 은행 | 비트코인 | 자본 | 영화 | 위조 | 신용 | 신용 카드 | 크로이소스 | 달러 | 기부 | 전자 화폐 | 유로 | 금융 | 일확천금 | 프로이트 | 이익 | 게임 | 금 | 아르파공 | 유산 | 강도 | 면죄부 | 인플레이션 | 보석 | 제롬 케르비엘 | 존 메이너드 케인스 | 돈세탁 | 복권 | 사랑 | 마피아 | 미다스 | 백만장자 | 화폐 | 돈의 재료 | 돼지 저금통 | 권력 | 행복의 조건 | 몸값 | 월급 | 스크루지 맥덕 | 성 | 은수저 | 스포츠 | 세금 | 보물 | 사이비 종교 | 물질만능주의 | 월 스트리트 | 물물교환 | 위안 | 여피족 | 에밀 졸라

신용 카드

식당에서 식사를 마친 뒤 가장 많이 들을 수 있는 말에는 어떤 것이 있을까? "누가 긁을래?"

Credit Card

예전에는 식당에서 식사를 마친 뒤 계산대 앞에서 지폐나 동전을 꺼냈지만 지금은 카드를 사용하는 경우가 흔하다. 이제는

카드 하나로 상점이나 인터넷상에서 언제든 물건을 구입할 수 있는 세상이 되었다. 또 골목마다 설치된 현금 지급기에서는 카드로 밤낮없이 돈을 뽑을 수 있다. 이제 카드는 디지털 사회를 대표하는 하나의 상징이다. 카드가 화폐의 유통 구조에 대혁명을 불러왔고 화폐 유통의 '탈물질화'에 일조했다는 사실은 그 누구도 부정할 수 없을 것이다.

1950년대 초에 상용화된 세계 최초의 카드는 두꺼운 종이로 만든 것이었다. 그 뒤 메모리 칩 역할을 하는 마그네틱 선을 부착한 플라스틱 카드가 만들어지기 시작했다. 한국에서 신용 카드는 1969년 신세계백화점이 삼성그룹 임직원을 대상으로 발급한 것이 시초였다. 이어 1970년에 조선호텔이 회원제 카드를 발행한 적이 있으며 1974년에는 미도파백화점, 1979년에 롯데백화점과 코스모스백화점이 카드 발급을 시작하면서 신용 카드 문화가 확산되기 시작했다.

전문 신용 카드사의 첫 등장은 1978년 코리안 익스프레스가 최초였다. 1979년에는 대한보증보험이 KC카드를 발급했고 외국계 카드사인 다이너스클럽이 국내에 진출했다. 은행의 신용 카드 업무는 1978년 한국외환은행이 해외 여행자를 대상으로 카드를 발급하면서 시작됐다. 그러나 신용 카드 문화가 본격적으로 꽃피운 것은 1988년 서울올림픽을 전후로 LG, 삼성 등 대기업들이 카드 사업에 진출하면서부터다.

신용 카드는 지불 수단으로서 의미를 가질 뿐만 아니라 보석처럼 부를 드러내는 상징이 될 수도 있다. 일반적으로 사람들이 흔히 사용하는 신용 카드와는 다르게 소득 수준이 높은 부유층에게만 발급하는 '골드 카드'라는 것이 있다. 골드 카드(물론 이런 고급 카드는 명칭도 제각각이고 골드 카드보다 더 높은 플래티넘 카드도 있다)를 사용하면 은행에서 더 많은 서비스를 제공받을 수 있음은 물론이고 전 세계 어디서든 더 많은 돈을 인출할 수 있다.

● 연관 키워드

은어 | 은행 | 비트코인 | 자본 | 영화 | 위조 | 신용 | 신용 카드 | 크로이소스 | 달러 | 기부 | 전자 화폐 | 유로 | 금융 | 일확천금 | 프로이트 | 이익 | 게임 | 금 | 아르파공 | 유산 | 강도 | 면죄부 | 인플레이션 | 보석 | 제롬 케르비엘 | 존 메이너드 케인스 | 돈세탁 | 복권 | 사랑 | 마피아 | 미다스 | 백만장자 | 화폐 | 돈의 재료 | 돼지 저금통 | 권력 | 행복의 조건 | 몸값 | 월급 | 스크루지 맥덕 | 성 | 은수저 | 스포츠 | 세금 | 보물 | 사이비 종교 | 물질만능주의 | 월 스트리트 | 물물교환 | 위안 | 여피족 | 에밀 졸라

크로이소스

크로이소스라는 인물에 대해 들어 본 적이 있는가? 유럽과 영미 국가에서는 "크로이소스 같은 부자다."라는 표현까지 있을 정도로 유명한 부자다. 크로이소스에 대해 더 자세히 알아보려면 기원전까지 거슬러 올라가야 한다.

Croesus

기원전 6세기, 크로이소스는 리디아 왕국이라는 나라를 다스리던 왕이었다. 리디아 왕국은 오늘날 그리스와 터키 사이의 에게 해 소아시아 지역에 위치한 나라였다. 리디아 왕국에는 팍톨로스라는 강이 하나 있었다. 크로이소스는 팍톨로스 강에 떠내려 오는 사금과 금 조각들을 모아 엄청난 부를 거머쥘 수 있었다 (프랑스어로 팍톨로스 강을 가리키는 '팍톨(pactole)'이라는 단어는 부(富)의 원천이라는 의미다. "당신 팍톨로스 강에 손을 담갔네요!"라는 말은 프랑스에서 자주 사용되는 표현인데 이는 '어마어마한 돈을 벌었군요!'라는 뜻이라고 한다).

크로이소스는 리디아 왕국의 수도인 사르디스에 살았다. 크로이소스는 자신을 만나러 사르디스에 온 현자들과 만나서 자주 이야기를 나누곤 했다. 어느 날 크로이소스는 현자들 중 솔론이라는 사람과 만나게 된다. 크로이소스는 솔론에게 그의 재물들을 자랑하며 자신이 세상에서 가장 행복한 사람이 아니냐고 물었다. 하지만 솔론은 이렇게 답했다. "이 세상 그 어떤 사람도 죽는 그 순간까지 진정 행복한 사람이라고 단정할 수 없습니다."

그 뒤로 얼마 지나지 않아 크로이소스의 하나뿐인 아들이 사냥 중에 사고로 죽었다. 거기서 끝이 아니었다. 크로이소스는 페르시아 제국의 초대 왕인 키루스 왕과의 전쟁에 패해 자신의 왕국마저 잃게 되었다.

페르시아 제국과의 전쟁이 발발하기 전, 크로이소스가 델포이의 무녀에게 페르시아를 공격해도 좋을지 물었다는 전설도 전해져 내려온다. 델포이의 무녀는 크로이소스에게 애매모호한 답변을 주었는데 그 대답은 다음과 같았다. "크로이소스님이 페르시아를 공격하면 대제국은 멸망하게 될 것입니다."

그러나 전쟁은 페르시아의 승리로 끝났고, 무녀가 말한 파괴될 대제국은 페르시아가 아닌 크로이소스의 리디아 왕국이었다. 리디아 왕국의 수도 사르디스가 함락되고 키루스 왕 앞에 잡혀간 크로이소스는 장작더미 위에서 화형 당할 처지에 놓인다. 화

욥처럼 가난하다

"크로이소스 같은 부자다."라는 말에 반대되는 표현으로 "욥처럼 가난하다."라는 표현이 있다. 욥은 구약 성경에 등장하는 이야기 중 하나인 '욥기'에 나오는 인물이다. 욥은 한때 부유한 삶을 살았던 인물이었다. 그러나 욥은 가족과 부를 잃고 불치병을 앓는가 하면 견딜 수 없는 외로움에 시달리는 등 갖가지 시련을 겪게 된다. 욥은 인간이 세상에 태어나 겪을 수 있는 가장 극심한 고통들을 모조리 겪는다. 하지만 욥은 마지막까지 믿음을 잃지 않는다. 결국 욥은 모든 시련을 이겨 낸 뒤 그 보상으로 지금까지 잃어버렸던 모든 것을 신에게서 돌려받게 된다.

형대 앞에 선 크로이소스는 "오, 솔론이여!"라고 외치며 그 옛날 자신이 재물을 자랑했던 현자의 이름을 부르기 시작했다.

그 소리를 들은 키루스는 솔론이라는 인물이 누구인지 궁금해져 화형을 중지시키고 크로이소스에게 솔론이 누구인지 물었다. 크로이소스는 솔론이 자신에게 주었던 충고를 이야기하기 시작했다. 솔론의 가르침에 크게 감명을 받은 키루스는 곧장 화형 명령을 취소하고 크로이소스를 자신의 심복으로 삼았다.

● 연관 키워드

은어 | 은행 | 비트코인 | 자본 | 영화 | 위조 | 신용 | 신용 카드 | 크로이소스 | 달러 | 기부 | 전자 화폐 | 유로 | 금융 | 일확천금 | 프로이트 | 이익 | 게임 | 금 | 아르파공 | 유산 | 강도 | 면죄부 | 인플레이션 | 보석 | 제롬 케르비엘 | 존 메이너드 케인스 | 돈세탁 | 복권 | 사랑 | 마피아 | 미다스 | 백만장자 | 화폐 | 돈의 재료 | 돼지 저금통 | 권력 | 행복의 조건 | 몸값 | 월급 | 스크루지 맥덕 | 성 | 은수저 | 스포츠 | 세금 | 보물 | 사이비 종교 | 물질만능주의 | 월 스트리트 | 물물교환 | 위안 | 여피족 | 에밀 졸라

달러

부 혹은 재물이라고 하면 가장 먼저 떠오르는 것이 있는가? 황금이
부와 재물의 대표적인 상징으로 느껴지긴 하지만 전 세계에서 통용
되는 달러 역시 부를 상징하는 무시할 수 없는 단어다.

Dollar

1944년 미국 뉴햄프셔 주에서 국제 금융 회의인 브레턴우즈 (Bretton Woods) 회의가 열렸다. 브레턴우즈 회의에서는 미국이 자국의 화폐인 달러의 가치를 금에 고정시키고, 다른 나라들이 달러를 기준으로 환율을 정하는 '금본위제'의 시행을 결정하였다. 금본위제의 시행으로 인해 브레턴우즈 회의가 끝나자 "달러는 금이다(Dollar as good as gold)."라는 유명한 말이 생겨나기도 했다.

브레턴우즈 회의가 끝난 뒤로 달러는 세계 제1의 화폐(기축통화)로 유통되기 시작했다. 자연스럽게 미국은 세계의 재무 장관의 지위에 올랐다. 제2차 세계 대전이 끝난 뒤, 세계의 재무 장관이었던 미국은 전쟁으로 황폐해진 유럽 국가들의 재건에 많은 재정을 지원했다. 전쟁 이후에도 달러는 곧 금이었기 때문에 달러가 전 세계에서 널리 유통되었고 미국은 점차 전 세계 경제의 최강대국으로 떠오르게 되었다. 그 결과, 달러는 오늘날까지도 여전히 국제 무역에서 가장 많이 쓰이는 화폐로 통용되고 있다.

전 세계를 뒤흔들었던 몇 차례의 금융 위기에도 달러의 위상은 현재까지도 굳건하다. 비록 유럽의 공용 화폐인 유로화와 중국의 화폐인 위안화가 점점 달러화의 자리를 넘보고 있지만 말이다.

역사적으로 볼 때 '달러'라는 말의 어원은 유럽의 중심부에 위치한 체코 보헤미아의 '성 요아힘스탈(St. Joachimsthal)'이라는 마을 이름에서 시작된 것으로 알려져 있다. 중세 말엽, 요아힘스탈 마을에서 은광이 발견되었다. 사람들은 마을에서 찍어 낸 돈을 마을의 이름에 따라 '요아힘스탈러'라고 부르기 시작했다. 시간이 흐르자 사람들은 이 말을 짧게 줄여 '탈러'라고 불렀다.

탈러라는 말은 유럽 전역으로 퍼져나갔다. 그리고 당시 유럽을 지배했던 오스트리아의 옛 왕조인 합스부르크 제국에서도 탈러라는 말이 사용되기에 이르렀다. 이렇게 퍼져나간 탈러는 라틴 아메리카에까지 전파돼 마침내 '달러'로 그 발음이 바뀌었다. 그 뒤 미국이 독립을 맞이하면서 달러를 자신들의 화폐 단위로

우리는 하느님을 믿는다

미국 달러에는 "우리는 하느님을 믿는다(In God We Trust)."라는 문구가 새겨져 있다. 이 문구는 현재 미국의 지폐와 동전 모두에 박혀 있는데 처음부터 그랬던 것은 아니었다. 1861년부터 1865년까지 이어진 남북 전쟁 탓에 미국은 둘로 나뉘었다. '우리는 하느님을 믿는다'라는 이 종교적인 문구는 남북 전쟁이 한창이던 1864년에 처음으로 동전에 새겨졌다. 그 뒤 남북 전쟁이 끝나자 지폐에도 이 문구가 등장했고, 마침내 미국이 하나로 통일되자 이 문구가 새겨진 동전이 미국의 남과 북 전체에 유통되었다.

삼기로 결정했고, 미국의 경제력이 커지면서 전 세계 각지에서 달러라는 말이 통용되기 시작했다.

달러를 표시하는 화폐 기호로는 로마자 S의 가운데에 세로 막대 2개나 1개를 겹쳐 그은 '$'를 흔히 사용한다. 이 기호가 태어나게 된 유래에는 여러 가지 설이 있다. 그중 가장 유력한 설은 처음 탈러를 라틴 아메리카로 가지고 간 사람들이 스페인 사람들이었기 때문에 스페인의 첫 글자 S를 따왔고, 두 개의 막대는 스페인 지브롤터 해협에 있는 장식물인 '헤라클레스의 두 기둥'을 상징한다는 것이다.

●연관 키워드

은어 | 은행 | 비트코인 | **자본** | 영화 | 위조 | 신용 | 신용 카드 | 크로이소스 | **달러** | 기부 | 전자 화폐 | **유로** | 금융 | 일확천금 | 프로이트 | 이익 | 게임 | 금 | 아르파공 | 유산 | 강도 | 면죄부 | 인플레이션 | 보석 | 제롬 케르비엘 | 존 메이너드 케인스 | 돈세탁 | 복권 | 사랑 | 마피아 | 미다스 | 백만장자 | **화폐** | 돈의 재료 | 돼지 저금통 | 권력 | 행복의 조건 | 몸값 | 월급 | 스크루지 맥덕 | 성 | 은수저 | 스포츠 | 세금 | 보물 | 사이비 종교 | 물질만능주의 | 월 스트리트 | 물물교환 | **위안** | 여피족 | 에밀 졸라

Donation

기부

돈을 주제로 하는 책에서 '기부'나 '후원' 따위를 다루는 것이 그리
흔한 일은 아닐지도 모르겠다.

Donation

'기부'라는 말을 들으면 가장 먼저 공짜로 적선하는 행위, 그러니까 아무런 대가 없이 무언가를 주는 행위가 떠오른다. 그러나 실제로는 기부가 그렇게 단순한 개념은 아니다. 기부나 공짜라는 말의 이면에는 '돈'이라고 하는 좀 더 복잡한 권력이 숨어 있다. 특히 오늘날처럼 자본주의가 전 세계에 군림하고 있는 세상에서는 더 그렇다.

기부는 인간이 물건을 사고팔기 시작한 역사 그 훨씬 이전부터 존재해 온 개념이다. 인류 역사를 돌아보면 자신만의 특별한 이유 때문에 타인과 사회를 위해 자신의 삶을 희생한 사람들이 수없이 나타난다. 그 옛날부터 사람들은 자신이 중요시하는 가치를 지키기 위해 보수도 받지 않고 자원해서 일하는 삶을 살았다.

인간의 기부 행위는 개인의 재산이나 이익을 희생해 공익을 추구하는 데서 출발한다. 그 재산이 돈이든 아니면 무형의 이익이든 그것은 중요한 일이 아니다. 중요한 것은 인간이 끊임없이 타인을 위해 헌신하는 존재라는 점이다. 유사 이래 인간은 기부를 통해 공익을 추구하는 사회 구조를 계속해서 지탱해 왔다. 인간의 기부가 아름다운 이유는 한번 기부를 받았던 사람이 어려움에 처한 또 다른 사람에게 다시 기부를 하는 방식으로 점차 주변으로 번져 나간다는 점에 있다.

기부의 또 다른 특징은 자본주의와도 훌륭하게 공존한다는 점이다. 얼핏 생각해 보면 경쟁만을 추구하는 자본주의와 타인을 먼저 생각하는 기부는 서로 모순되는 개념이다. 그러나 기독교적 관점에서 살펴보면 이 두 가지는 결코 모순되는 개념이 아니다. 다른 사람을 밟고 올라서야 하는 자본주의 경쟁 체제의 특성상 회개는 꼭 필요한 행동이고, 기부는 경쟁으로 인한 죄책감을 덜어내기에 적합한 행동인 것이다. 그래서인지 자본주의는 기부에 인색하지 않다. 사회 구조를 바꾸어 가난한 사람들이 잘살게 하는 것보다는 기부로 해결하고 넘어가려는 경향이 짙다.

그러한 기부의 대표적인 예로는 마이크로소프트사의 창립자인 빌 게이츠가 벌인 기부 운동이 있다. 빌게이츠는 억만장자들에게 '살아 있는 동안, 또는 사망한 후에 전 재산의 반을 자선 단체에 기부하자.'는 운동을 벌였다. 또 다른 예로 1950년대 처음으로 방영되어 대중들의 사랑을 받은 미국의 텔레비전 프로그램 '텔레톤'을 들 수 있다. 텔레톤은 며칠에 걸쳐 방송되는 대규모 자선쇼로 에이즈 감염인이나 희귀병 환자, 빈곤 아동, 대형 자연재해를 겪은 피해자들을 위한 성금을 모금한다.

●연관 키워드

은어 | 은행 | 비트코인 | **자본** | 영화 | 위조 | 신용 | 신용 카드 | 크로이소스 | 달러 | **기부** | 전자 화폐 | 유로 | 금융 | 일확천금 | 프로이트 | 이익 | 게임 | 금 | **아르파공** | 유산 | 강도 | 면죄부 | 인플레이션 | 보석 | 제롬 케르비엘 | 존 메이너드 케인스 | 돈세탁 | 복권 | 사랑 | 마피아 | 미다스 | 백만장자 | 화폐 | 돈의 재료 | 돼지 저금통 | 권력 | **행복의 조건** | 몸값 | 월급 | **스크루지 맥덕** | 성 | 은수저 | 스포츠 | 세금 | 보물 | 사이비 종교 | 물질만능주의 | 월 스트리트 | 물물교환 | 위안 | **여피족** | 에밀 졸라

E-money

전자 화폐

만약 E-달러, E-프랑, E-엔, E-원 등이 미래의 화폐가 된다면 어떨까?
어쩌면 전 세계 어디서든 공통으로 사용하는 가상 화폐 'E-머니'를 사용
하는 날이 올 지도 모른다.

E-money

신용 카드가 등장하면서 화폐의 유통 구조는 급격하게 디지털화되었다. 디지털 화폐는 끊임없이 진화해 이제는 전자 화폐(E-money)의 시대가 되었다. 아마도 앞으로 화폐는 전자 화폐 기술의 발전을 통해 한층 더 혁신적인 형태로 발전하게 될지도 모른다.

오늘날 전자 화폐의 종류는 매우 다양하다. 전자 화폐 중에 현재 가장 발달한 기술은 전자 지갑 시스템이다. 전자 지갑은 동전이나 지폐를 사용하지 않고도, 심지어 은행 계좌 없이도 돈을 저장할 수 있는 시스템을 말한다. 이제는 상점 등 일상적인 공간에서 결제 수단으로 흔히 사용될 정도로 그 활용 범위가 점점 더 확대되어 가는 기술이다. 현재 전자 지갑은 주로 선불 IC카드나 휴대 전화 또는 인터넷상의 가상 계좌에 화폐를 저장해 현금처럼 사용하는 방식으로 사용된다.

현재 전자 화폐는 수많은 곳에서 상용화되어 전 세계의 전자 상거래 시장을 키워 나가고 있다. 일본의 경우 2009년 한 해 동안 발행된 카드 형태의 전자 화폐의 수가 무려 1억 3천만 장에 이른다고 한다.

앞으로 전자 화폐는 더 엄격한 보안 시스템을 갖춘 특수 서버에 저장되어 안전성이 훨씬 높아질 것이다. 또 통신회사나 인터넷 서비스 제공(ISP) 업체, E-머니 전문 사이트 등의 다양한 업체가 전자 화폐 유통 시스템을 마련하게 될 것이다. 그렇게 되면 언젠가는 전자 화폐가 온라인상에서 가장 보편적인 결제 수단으로 통용되는 날이 올 것이다.

전자 화폐를 이용해 상품을 사고파는 세상이 다가오고 있다. 눈에 보이지도 만질 수도 없는 화폐지만 컴퓨터의 발행번호만 알면 돈의 사용처를 정확하게 추적할 수 있는 전자 화폐가 발달할 가능성이 매우 높다. 전 세계적으로 통용되는 통일된 화폐가 나타나지 않는 한, 미래에는 전자 화폐가 전 세계에서 가장 많이 쓰이는 통화로 자리 잡을 것이다.

E-골드

전자 화폐의 유통이 본격적으로 활성화되기까지는 아직 갈 길이 멀다. 하지만 E-골드(E-gold)는 상용화에 성공하여 현재 널리 사용되고 있다. E-골드란 일종의 디지털화된 금이다. 사람들이 금 매입 중개 회사를 통해 계좌를 만들고 돈을 입금하면 중개 회사는 고객이 원하는 만큼 금을 사서 보관한다. 그런 다음 그 계좌에 고객이 보유한 금의 가치에 해당하는 E-골드를 입금하는 것이다. 고객은 이렇게 입금된 E-골드를 전자 결제 등에 이용할 수 있다.

현재 은행들은 결제 시스템을 유지하는 데 어마어마한 비용을 지출하고 있는데, 이 비용은 모두 은행을 이용하는 손님에게서 나온다. 다시 말하면 은행 계좌를 가지고 있는 사람 모두가 자기도 모르는 사이에 결제 시스템을 유지하기 위한 비용을 부담하고 있는 셈이다.

　전자 화폐를 발전시키기 위한 연구는 현재도 다양하게 이루어지고 있다. 이 연구가 계속해서 활발히 진행되어 전자 화폐 기술이 한 단계 진일보한다면 기존의 은행 결제 시스템을 관리하는 데 들어가는 비용 역시 대폭 줄일 수 있다.

●연관 키워드

은어 | **은행** | 비트코인 | 자본 | 영화 | 위조 | 신용 | 신용 카드 | 크로이소스 | 달러 | 기부 | **전자 화폐** | 유로 | 금융 | 일확천금 | 프로이트 | 이익 | 게임 | 금 | 아르파공 | 유산 | 강도 | 면죄부 | 인플레이션 | 보석 | 제롬 케르비엘 | 존 메이너드 케인스 | 돈세탁 | 복권 | 사랑 | 마피아 | 미다스 | 백만장자 | 화폐 | **돈의 재료** | 돼지 저금통 | 권력 | 행복의 조건 | 몸값 | 월급 | 스크루지 맥덕 | 성 | 은수저 | 스포츠 | 세금 | 보물 | 사이비 종교 | 물질만능주의 | **월 스트리트** | 물물교환 | 위안 | 여피족 | 에밀 졸라

유로

유로화의 유통은 2002년에 시작되었다. 유럽 연합(EU)에 가입한 국가들 사이의 공식 화폐인 유로는 미국 달러, 일본 엔, 중국 위안과 함께 세계적으로 힘을 발휘하는 화폐로 당당히 떠올랐다.

Euro

유럽 최초의 공용 화폐라고 하면 가장 먼저 떠오르는 단어가 있다. 바로 유로다. 그런데 실제로는 유로가 유럽 최초의 공용 화폐는 아니라고 한다. 1865년, 프랑스를 통치했던 나폴레옹 3세는 벨기에, 이탈리아, 스위스 등 유럽 나라들과 이른바 '라틴 통화 동맹(Union latine)'을 맺었다. 당시의 화폐는 주로 금과 은으로 만들었기 때문에 각 나라들은 화폐를 만들 때 금과 은의 무게를 통일하는 방법으로 공동의 화폐를 만들 수 있었다. 이렇게 만들어진 라틴 통화는 제1차 세계 대전 때까지 실제로 사용되었다. 그 뒤 유럽 각국은 자국의 화폐를 사용하다가 1979년에 이르러 유럽 내에서 공동으로 사용할 수 있는 통일된 화폐를 다시 만들자는 논의가 새롭게 이루어졌다.

그렇다면 유로라는 이름은 어떻게 등장했을까? 유럽 공용 화폐를 만들자는 이야기가 나오자 사람들은 이름을 정하기 위해 논의를 거듭했다. 처음 유럽 공용 화폐의 이름으로 선택된 것은 유럽 통화 단위(European Currency Unit)의 알파벳 약자인 ECU였다. 그런데 ECU는 중세 프랑스의 동전 이름이었던 '에퀴(Ecu)'와 철자가 동일했다. 이에 독일이 에퀴보다는 유로(Euro)라는 이름이 공용 화폐에 더 적합하다고 주장했다. 결국 유럽을 하나로 엮는 공용 화폐의 이름은 유로가 되었다.

공식적으로 유럽 내의 공용 화폐를 만들자고 결의한 것은 1992년 유럽 연합 조약이라고도 불리는 마스트리히트 조약 (Maastricht Treaty)이 체결된 뒤의 일이다. 그리고 시간이 한참 흐른 2002년이 되어서야 유로화의 지폐 및 동전이 처음으로 유통되기 시작했다. 2010년 기준 유럽 연합의 회원국은 27개국이다. 그러나 그중 16개 국가만이 공용 화폐로 유로를 채택해 사용하고 있다. 이 국가들을 흔히 '유로존(Euro zone)'이라고 부른다.

유로존에 속한 국가들 외에 영국, 덴마크, 스웨덴 등의 국가들은 유럽 연합 회원국이면서도 기존에 사용하던 자국 고유의 화폐를 유지하고 있다.

유럽 사람들이 유로를 만든 이유에는 여러 가지가 있겠지만 핵심적인 이유는 다음과 같다.

- 유럽 연합의 경제적, 정치적 결속력을 강화하기 위해서
- 유럽 내 인플레이션을 억제하는 유럽중앙은행(BCE, 1998년 창설)을 더 쉽게 창립하기 위해서
- 유럽 연합 회원국 간의 활발한 무역을 통해 더 큰 발전을 도모하기 위해서
- 유로존을 강화해 미국의 경제 공세에 대항하고 유로를 전 세계의 기축통화로 자리 잡게 하기 위해서

오늘날 유로는 미국의 달러에 이어 전 세계에서 두 번째로 많이 사용되는 화폐로 자리매김했다. 또한 유로의 지폐 발행 규모는 달러보다 앞서 세계 최고의 자리를 차지하고 있다.

●연관 키워드

은어 | 은행 | 비트코인 | 자본 | 영화 | 위조 | 신용 | 신용 카드 | 크로이소스 | **달러** | 기부 | 전자 화폐 | **유로** | 금융 | 일확천금 | 프로이트 | 이익 | 게임 | 금 | 아르파공 | 유산 | 강도 | 면죄부 | 인플레이션 | 보석 | 제롬 케르비엘 | 존 메이너드 케인스 | 돈세탁 | 복권 | 사랑 | 마피아 | 미다스 | 백만장자 | **화폐** | 돈의 재료 | 돼지 저금통 | 권력 | 행복의 조건 | 몸값 | 월급 | 스크루지 맥덕 | 성 | 은수저 | 스포츠 | 세금 | 보물 | 사이비 종교 | 물질만능주의 | **월 스트리트** | 물물교환 | **위안** | 여피족 | 에밀 졸라

금융

2008년 세계 금융 위기 이후로 금융이라는 말은 언론에서 매일 같이 떠들어 대는 단어가 되었다.

Finance

금융은 현대에 새롭게 등장한 개념이 아니다. 금융은 화폐가 발명되던 때부터 돈과 관련된 모든 것을 총칭하는 말이었다. 금융을 뜻하는 영단어 파이낸스(finance)가 처음 등장하기 시작한 것은 18세기 무렵의 일이다. 학자들은 파이낸스라는 단어가 라틴어로 '끝내다, 결론짓다'라는 뜻인 파이니스(finis)에서 파생되었다고 본다. 그런데 '끝내다'라는 뜻의 파이니스가 어째서 금융이라는 뜻을 지닌 파이낸스의 어원이 되었을까?

그 이유는 파이니스라는 단어가 '부채를 끝내다', '빚을 갚아 완전히 해결하다'라는 뜻으로 자주 쓰였기 때문이다. 금융의 궁극적인 속성이 돈을 빌려주고 갚는 것인 만큼 끝내다라는 뜻의 라틴어 파이니스가 파이낸스의 어원인 것은 그리 놀라운 일이 아닐지도 모른다.

오늘날 금융은 개인, 기업, 국가, 단체, 은행, 보험사, 주식 시장 등 한 사회의 거의 모든 구성원들이 돈을 사용하는 행위 전부를 가리키는 아주 거대하고 중요한 개념으로 자리 잡았다. 나아가 금융 기관에서 개인, 기업, 단체에게 권유하는 투자 상담 서비스나 금융 상품 등의 관련 분야도 넓은 의미에서 보면 금융에 포함된다.

1990년대 초 인터넷과 통신 기술이 크게 발전하면서 금융업계도 새로운 전환점을 맞이했다. 인터넷과 통신 기술의 발달로 전 세계는 하나로 연결되었고, 그로 인해 세계 곳곳에서 다양한 형태의 금융 거래가 이루어지게 되었다. 통신 기술의 발전이 전 세계의 자본화를 촉진한 것이다. 전 세계의 금융 거래량이 늘어나자 주요 국가의 금융 및 재무 담당 장관들은 정기적으로 모여 회의를 해야 했다. 통화량을 적정한 수준으로 통제하는 것은 물론 달러, 유로, 위안 등 주요 화폐의 유통 질서를 바로 잡기 위한 논의가 더 절실해진 것이다. 그렇게 해서 태어난 것이 바로 'G20 재무장관회의'라고 알려진 국제 경제 회의다.

● **연관 키워드**

은어 | 은행 | 비트코인 | **자본** | 영화 | 위조 | 신용 | 신용 카드 | 크로이소스 | 달러 | 기부 | 전자 화폐 | 유로 | **금융** | 일확천금 | 프로이트 | **이익** | 게임 | 금 | 아르파공 | 유산 | 강도 | 면죄부 | 인플레이션 | 보석 | 제롬 케르비엘 | 존 메이너드 케인스 | 돈세탁 | 복권 | 사랑 | 마피아 | 미다스 | 백만장자 | 화폐 | 돈의 재료 | 돼지 저금통 | 권력 | 행복의 조건 | 몸값 | 월급 | 스크루지 맥덕 | 성 | 은수저 | 스포츠 | 세금 | 보물 | 사이비 종교 | 물질만능주의 | **월 스트리트** | 물물교환 | 위안 | 여피족 | 에밀 졸라

일확천금

일확천금(一攫千金)의 꿈을 한 번도 꾸어 보지 않은 사람이 과연 있을까?

Fortune

우리에게도 익숙한 '알리바바와 40인의 도둑' 이야기에는 일확천금을 얻는 알리바바의 모험담이 담겨 있다. 어려서부터 자주 듣던 이야기라서 그럴까? 알리바바가 도둑들의 동굴 앞에서 외쳤던 "열려라 참깨!"라는 주문을 들으면 자동적으로 온갖 금은보화가 연상된다. 어느 날 갑자기 하늘에서 수백억 원의 돈이 뚝 떨어진다고 상상해 보라. 그것보다 더 큰 행운이 있을까? 영어에서 행운을 뜻하는 포춘(Fortune)이란 단어에 거금이라는 뜻이 있는 것만 보아도 일확천금은 누구에게든 일생일대의 행운이다.

하지만 행운이란 결코 노력 없이 찾아오는 것이 아니다. 예부터 전해 내려오는 수많은 격언과 속담들만 살펴보아도 행운이 결코 우연히 찾아오는 것이 아니라는 사실을 쉽게 알 수 있다. 그중 가장 유명한 예를 살펴보면 다음과 같다. "행운은 준비된 사람에게만 미소를 짓는다." "행운은 용기 있는 자에게 찾아온다."

이 같은 격언을 들어 보면 행운은 가만히 앉아서 기다린다고 찾아오는 것이 아닌 게 분명하다. 오랜 기다림이나 커다란 용기 등 행운을 쟁취하기 위해서는 노력과 희생이 필요하다.

행운을 의미하는 영단어 포춘(fortune)은 로마 신화 속에 등장하는 여신 포르투나(fortuna)에서 유래된 표현이다. 라틴어로 포

르투나는 '제비를 뽑다'라는 뜻이라고 한다. 포르투나는 기회, 우연, 운명 등을 관장하는 여신으로 인간에게 행운을 가져다 줄 것인지 불행을 가져다 줄 것인지를 결정한다.

고대 로마에서는 여신 포르투나를 특별히 높이 떠받들었다고 한다. 그도 그럴 것이 노예 신분이었던 세르비우스 툴리우스를 로마의 왕으로 만든 것이 여신 포르투나였다. 포르투나는 예술 작품에서 바퀴, 공, 키, 뱃머리 등과 함께 풍요를 상징하는 뿔을 들고 있는 모습으로 묘사된다.

Freud

프로이트

돈은 똥이다? 1897년, 현대 정신 분석학의 아버지로 불리는 지그문트 프로이트(Sigmund Freud)가 인간의 무의식에서 돈은 곧 배설물이라고 주장했다.

프로이트에 따르면 재산 축적을 향한 강렬한 집착, 좀 더 부드럽게 말해 '돈에 대한 욕망'은 정신 분석학에서 항문기라고 부르는 2세에서 4세 사이의 시기에 형성된다고 한다. 항문기란 아동이 배설을 참거나 배출하는 등 배변 활동을 조절하는 일을 배우는 데서 기쁨을 얻는 시기다. 프로이트는 항문기에 배변의 욕구를 조절하는 법을 제대로 익히지 못하면 성인이 되어서 다른 사람과 아무것도 나누려 하지 않고 무조건 소유하는 데 골몰하는 욕심을 가지게 된다고 했다.

이솝 우화에 나오는 '황금알을 낳는 거위'나 독일의 민담 '금화를 누는 사람' 등 몇 가지 예만 살펴보아도 인간의 무의식 속에서는 돈이 곧 배설물이라는 사실을 확인할 수 있다. 한국에서도 마찬가지다. 꿈해몽과 관련한 속설들을 들여다보면 배설물에 관한 꿈은 대체로 재물과 관련되어 있다.

프로이트에 의하면 인간의 무의식 속에서 아기의 첫 번째 배설물이란 세상에 태어나 처음으로 확인하는 첫 번째 소유물이자 축적된 재산이다. 또한 부모, 즉 외부 세계에 대해 자신이 권력을 행사할 수 있다는 사실을 인식하는 첫 기회이기도 하다. 실제로 아기들은 부모가 원하는 때와 장소에 맞추어 배변해 부모를 만

족시킬 수 있고 반대로 배변으로 부모들을 화나게 할 수도 있다. 시간이 흐르면 아기들은 대변보다 냄새가 덜 나고 사회적으로 보다 더 가치 있는 것에 관심을 가지기 시작한다. 처음에는 집에서 나오는 생활 쓰레기나 모래, 돌멩이 따위에 관심을 보이다가 어느 순간 반짝거리는 동전으로 시선을 옮기게 되는 것이다.

돈과 관련해 흔히 쓰는 표현에는 유독 배변과 관련된 말들이 많다. 예를 들어 돈을 공급받을 새로운 출처를 구하지 못한 사람에게는 마치 변비에라도 걸린 것처럼 "돈줄이 꽉 막혔다."고 한다. 또 누군가 빚을 져서 갚아야 할 상황에 갚지 못하는 경우 너무도 흔하게 "똥줄이 탄다."고 말하곤 한다. 게다가 돈 자체에서는 전혀 냄새가 나지 않는데도 '구린내 나는 돈'이 있다고 말하지 않는가?

●연관 키워드

은어 | 은행 | 비트코인 | 자본 | 영화 | 위조 | 신용 | 신용 카드 | 크로이소스 | 달러 | 기부 | 전자 화폐 | 유로 | 금융 | 일확천금 | **프로이트** | 이익 | 게임 | 금 | 아르파공 | 유산 | 강도 | 면죄부 | 인플레이션 | 보석 | **제롬 케르비엘** | 존 메이너드 케인스 | 돈세탁 | 복권 | 사랑 | **마피아** | 미다스 | 백만장자 | 화폐 | 돈의 재료 | 돼지 저금통 | **권력** | 행복의 조건 | 몸값 | 월급 | 스크루지 맥덕 | 성 | 은수저 | **스포츠** | 세금 | 보물 | **사이비 종교** | 물질만능주의 | 월 스트리트 | 물물교환 | 위안 | 여피족 | 에밀 졸라

Gain
이익

2008년 세계 금융 위기가 터지면서 많은 사람들이 주식 투기 세력을 규탄했다. 수많은 언론이 "금융 위기의 원인은 '이익을 내려는 탐욕'에 있었다."는 기사를 쏟아냈다.

Gain

주식 시장에서 이익을 보았다는 것은 곧 누군가에게 손실이 발생했다는 것을 의미한다. 싼값에 주식을 사서 비싼 값에 팔면 이익을 얻게 되지만 그렇게 되면 누군가는 싼값의 주식을 비싼 값에 샀다는 소리다. 2008년의 세계 금융 위기도 바로 그러한 이유로 인해 생겨났다. 당시 미국의 투기 세력은 쉽고 빠르게 이익을 얻기 위해 평범한 미국인들에게 마구잡이로 대출을 해 주었다.

많은 사람들이 집을 담보로 대출을 받았고 미국의 주식 투기 세력은 담보로 받은 집을 자산으로 삼아 다시 주식에 투자해 이익을 챙겼다. 그런데 뜻밖의 일이 벌어졌다. 갑작스레 집값이 곤두박질치기 시작한 것이다. 집값은 끝을 모르고 떨어졌고 어느 순간, 담보로 잡힌 집을 팔아도 대출금을 갚을 수 없는 지경에 이르렀다. 결국 집을 담보로 무리한 대출을 받았던 미국의 중산층이 무너져 내렸고 이 여파는 세계로 퍼져나갔다. 이렇게 주식 투자로 인해 누군가는 이익을 보았지만 누군가는 막대한 손실을 입은 것이 2008년 금융 위기의 본질이다.

이익을 얻는 일, 즉 '돈을 버는 일'은 전 인류의 관심사일 것이다. 그런데 이익을 얻는다는 것은 단순히 먹고 사는 데 필요한 최소한의 벌이를 해결하는 것을 의미하지는 않는다. 돈벌이에 대해 이야기할 때 "밥벌이를 한다."는 표현을 쓰지만 우리는 밥만이 아닌 여러 가지 이익을 얻기 위해 돈을 번다.

이익을 의미하는 영단어 게인(Gain)의 어원은 옛 프랑스어로 전리품을 뜻하는 게뉴(gaigne)다. 하지만 이익이라는 것은 전리품처럼 거창한 것들만 가리키는 것은 아니다. 아주 적은 돈, 어마어마한 액수의 거금, 코 묻은 돈, 정직한 소득, 불법적인 수익 등 이익에도 엄청나게 다양한 종류가 있다.

이익의 종류가 다양한 만큼 사람들이 이익을 추구하는 방식도 다양하다. 티끌 모아 태산을 꿈꾸는 사람은 이익을 내기 위해 성실하게 일해서 악착같이 돈을 모으는 사람이다. 또 하루 온종일 돈 버는 일만을 생각하고 이익에 대한 욕심만으로 일에 몰두하는 사람도 있다. 어떤 경우든 돈을 버는 일 자체에 집착하고 이익을 위해 과도한 욕심을 부리는 사람은 그다지 행복한 삶을 살아가지 못하는 경우가 많다.

먹고 살기 위해서, 혹은 명예나 권력을 위해 이익을 추구하는 것은 아주 오랜 옛날부터 인간의 중요한 특성 중 하나였다. 그런데 자본주의 체제는 그러한 인간의 특성을 훨씬 더 심화시켰다. 자본주의는 이익을 위해 서로 경쟁하게 만들었고, 인간은 점점 행복과는 거리가 먼 생활을 하게 되었다.

자본주의 사회에서 이익이라는 말의 이면에는 이윤과 이자 등의 개념이 포함되어 있다. 예를 들어 한 회사에 천 원을 투자한다고 해 보자. 이때 사람들은 투자로 인해 생기는 위험 부담에 대한 보상으로 돈을 돌려받고 싶어 한다. 자본주의 사회에서 이자란 결국 투자할 자본을 가진 사람만이 얻을 수 있는 보상을 의미한다.

퀴즈쇼 밀리어네어

복권과 같은 사행성 오락은 큰 이익을 얻고 싶어 하는 인간의 욕망을 기반으로 꾸준히 성장해 왔다. 텔레비전 퀴즈쇼가 가장 대표적인 예다. 영국의 〈퀴즈쇼 밀리어네어(Who Wants to Be a Millionaire?)〉는 세계적으로 유명한 퀴즈 프로그램 중 하나다. 이 방송의 진행 방식은 매우 간단하다. 일반 상식이나 교양을 주제로 한 열두 개의 퀴즈를 연속으로 맞히면 백만 유로의 상금을 받게 되는 것이다. 상금은 피라미드처럼 문제를 맞힐 때마다 더 크게 쌓여 가고 어느 단계에 이르면 다음 문제를 틀리더라도 일정 수준의 상금을 보장한다.

● **연관 키워드**

은어 | 은행 | 비트코인 | **자본** | 영화 | 위조 | 신용 | 신용 카드 | 크로이소스 | 달러 | 기부 | 전자 화폐 | 유로 | 금융 | 일확천금 | 프로이트 | **이익** | 게임 | 금 | 아르파공 | 유산 | 강도 | 면죄부 | 인플레이션 | 보석 | 제롬 케르비엘 | 존 메이너드 케인스 | 돈세탁 | 복권 | 사랑 | 마피아 | 미다스 | **백만장자** | 화폐 | 돈의 재료 | **돼지 저금통** | 권력 | 행복의 조건 | 몸값 | **월급** | 스크루지 맥덕 | 성 | 은수저 | 스포츠 | 세금 | 보물 | 사이비 종교 | 물질만능주의 | 월 스트리트 | 물물교환 | 위안 | 여피족 | 에밀 졸라

게임

게임을 언급하면서 돈을 떼어 놓고 생각하기란 쉬운 일이 아니다.
온 가족이 함께 즐기는 보드 게임도 마찬가지다.

Game

'모노폴리'라는 게임에 대해 들어 본 적이 있는가? 모노폴리는 돈을 주고받는 게임 방식으로 유명한 보드 게임이다. 모노폴리에 참여하면 일단 건물을 사고파는 경험을 해 볼 수 있다. 또한 이미 지어 놓은 건물을 담보로 은행에서 돈을 빌릴 수도 있다. 주사위를 굴려 자신의 말이 게임 판을 한 바퀴 돌 때마다 200만 원의 월급까지 받을 수 있다. 비록 장난감 돈이긴 하지만 모든 참가자는 다른 사람을 파산시키고 가능한 한 많은 재산을 모아야 게임에서 승리할 수 있다. 다시 말해서 내 옆에 앉은 친구보다 더 큰 부자가 되어야 하는 것이다!

자본주의의 어둡고 천박한 면을 가르치는 것이 아니냐는 비판이 있기는 하지만 모노폴리는 아이들은 물론 어른에게도 교육적인 게임이다. 게임을 통해 돈이 가지는 의미나 돈의 권력을 간접 체험해 볼 수 있기 때문이다. 또한 게임을 하는 과정에서 돈에 대해 자신이 가진 태도를 돌아볼 수 있다.

모노폴리 같은 보드 게임에서는 가짜 돈을 걸지만 도박판에서는 실제 돈을 걸고 스릴을 즐긴다. 그중 룰렛이나 슬롯머신은 참여자가 순수하게 자신의 운을 걸어야 하는 게임이다. 이러한 게임들에는 참여자의 노력이나 기술, 노하우 같은 다른 요소가 끼어들 자리가 없다. 오로지 운에 의해 승패가 결정된다.

그런가 하면 포커 같은 게임에는 참여자의 노하우가 게임 진행에 큰 영향을 미치기도 한다. 그러나 카드나 주사위를 사용하기 때문에 이러한 게임에서도 운은 상당히 중요하다. 한편 운 자체가 끼어들 자리가 없는 체스나 체커(대각선으로 이동하는 체스), 바둑 등의 게임도 있다. 이런 게임들은 오로지 참여자의 두뇌의 힘이 승패를 좌우한다. 그런데 어떤 게임이든 돈과 관련이 없는

도박 중독

운을 걸고 하는 게임은 사람을 쉽게 흥분시킨다. 그런데 마치 술이나 담배에 중독되는 것처럼 이러한 흥분감에 중독되는 사람들이 있다. 흔히 하는 말로 "도박은 마약과 같다."는 말이 있다. 도박에도 약물 못지않은 치명적인 중독성이 있음을 경고하는 말이다.

자신의 의지로 도박을 그만두지 못하고 끊임없이 빠져드는 증상을 '도박 중독'이라고 부른다. 도박 중독은 생각보다 사람들의 일상생활에 심각한 영향을 끼친다. 도박 중독에 빠진 사람은 이미 도박에서 많은 재산을 잃었음에도 오직 도박을 통해 돈 버는 일만을 생각하며 살아간다. 남은 재산마저 모두 잃게 될지도 모르는데 말이다. 그러나 도박으로 돈을 벌기는 그리 쉬운 일이 아니다. 도박으로 돈 벌기가 얼마나 어려웠으면 영화 〈컬러 오브 머니(Color of Money)〉의 감독 마틴 스콜세지는 "도박으로 딴 돈은 일해서 번 돈보다 두 배는 더 값지게 느껴진다."고까지 말했다.

경우는 없다. 특히 체스나 바둑 같은 경우는 전문적인 프로들이 참여하는 대회까지 열리는 종목이기 때문에 어마어마한 규모의 상금이 오가기도 한다.

높은 금액의 판돈이 오가는 게임장이라면 카지노를 빼놓고 이야기할 수 없다. 카지노를 찾는 대다수의 사람들은 판돈을 싹쓸이할 꿈에 부풀어 카지노를 찾는다. 카지노에서는 보통 블랙잭, 바카라, 포커 등의 카드 게임을 주로 하는데, 가진 돈을 몽땅 털리고 싶지 않다면 게임의 룰을 완벽하게 익히고 있어야 한다.

카지노에는 슬롯머신이라는 도박 기계도 있다. 손잡이를 당겨 화면 위에 어지럽게 돌아가는 그림을 일치시키면 이른바 '잭폿'이 터진다. 잭폿이 터지면 어마어마한 금액의 상금을 받을 수 있기 때문에 사람들은 누구나 잭폿을 터뜨리려고 애를 쓴다.

도박을 합법적으로 즐길 수 있는 카지노가 밀집한 도시가 전 세계에 몇 군데 있다. 그중 미국 라스베이거스와 홍콩, 마카오는 가장 대표적인 카지노의 도시다.

●**연관 키워드**

은어 | 은행 | 비트코인 | 자본 | 영화 | 위조 | 신용 | 신용 카드 | 크로이소스 | 달러 | 기부 | 전자 화폐 | 유로 | 금융 | **일확천금** | 프로이트 | 이익 | **게임** | 금 | 아르파공 | 유산 | 강도 | 면죄부 | 인플레이션 | 보석 | 제롬 케르비엘 | 존 메이너드 케인스 | 돈세탁 | **복권** | 사랑 | 마피아 | 미다스 | 백만장자 | 화폐 | 돈의 재료 | 돼지 저금통 | 권력 | **행복의 조건** | 몸값 | 월급 | 스크루지 맥덕 | 성 | 은수저 | 스포츠 | 세금 | **보물** | 사이비 종교 | 물질만능주의 | 월 스트리트 | 물물교환 | 위안 | 여피족 | 에밀 졸라

금

Gold

금이 부유함을 상징하는 가장 대표적인 금속이라는 점에는 이론의 여지가 없다. 금은 언제나 인류를 매혹시켰다. 그 역사는 아주 오래전인 선사 시대로까지 거슬러 올라간다.

Gold

　찬란한 빛깔과 광택 그리고 희소성까지. 금은 화려한 아름다움과 희소한 가치 덕분에 오랜 세월 동안 신성한 물건으로 여겨졌다. 고대 문명사회에서 금은 신들을 추앙하고 경배하는 데 사용되었다. 예를 들어 고대 이집트에서는 파라오가 죽어 땅에 묻힐 때 금으로 만든 장신구와 가면을 함께 묻었다. '금은 신들의 피'라는 유명한 표현까지 사용했을 정도로 금에 대한 고대 이집트인들의 사랑은 각별했다. 그 뒤로 몇 세기가 흐르는 동안 금은 계속해서 종교적인 의미를 가진 신성한 곳에 사용되었다. 그러다 기원전 6세기에 이르러 최초로 금으로 만든 돈이 생겨났고, 그 일을 계기로 금이 일상생활에서 널리 사용되기 시작했다.

　역사를 되돌아 보면 인간은 금을 손에 넣기 위해서라면 무슨 일이든 서슴지 않았다. 특히 금을 향한 인간의 갈망은 인류가 배를 타고 전 세계를 탐험하게 만든 원동력이었다. 1492년 크리스토퍼 콜럼버스는 황금을 찾아다니다 우연히 아메리카 대륙을 발견했고, 16세기 스페인의 탐험가들인 콘키스타도레스들도 중남미 대륙에 상륙하자마자 가장 먼저 황금부터 찾았다. 그 뒤 신대륙에는 황금으로 만들어진 거대한 도시가 있다는 소문이 유럽에 돌았다. 북미에 있다고 알려진 시볼라나 남미의 엘도라도(스페인

어로 금가루를 칠한 사람이라는 뜻)가 대표적인 예다. 특히 엘도라
도는 황금이 넘쳐흐르는 곳으로 소문이 나서 유럽인들의 신대륙
에 대한 환상을 자극했다.

프랑스, 영국, 스페인 등에서 건너간 수많은 탐험가들이 엘도
라도를 찾겠다고 나섰지만 400년 동안 엘도라도를 발견한 사람
은 없었다. 엘도라도는 그저 환상 속의 도시일 뿐이었다. 반면 스
페인의 콘키스타도레스들은 멕시코의 아즈텍과 페루의 마야 등
신대륙 문명을 발견하는 데 성공했다. 그들은 신대륙 사람들에
게서 금을 모조리 약탈해 본국으로 가져가 버렸다. 그 덕분에 스
페인과 포르투갈은 수세기 동안 전 세계에서 패권을 누리며 풍

안전 자산

금은 런던과 뉴욕의 증권 시장에 상장되어 있다. 그래서 금값
은 주식 시장의 상황 변화에 따라 오르거나 내린다. 2008년 세
계 금융 위기 이후 금값은 매번 최고가를 경신하며 오르고 있
다. 금값이 증시에 따라 변한다고는 하지만 금은 재난이나 전
쟁 등의 상황에서도 일반 화폐와는 달리 절대적인 가치를 갖는
다. 재난이나 전쟁으로 인해 주식 시장이 마비되면 화폐는 가
치가 떨어져 순식간에 휴지 조각이 될 수도 있지만 금은 그렇
지 않다. 금 자체가 지닌 희소성 때문에 금의 가치는 쉽게 떨어
지지 않는다. 그러한 이유로 금에는 '안전 자산'이라는 별명이
붙어 있다.

요롭게 살 수 있었다.

　19세기 미국 서부 캘리포니아 지역에서는 금광이 잇달아 발견되면서 이른바 '골드러시(Gold Rush)' 시대가 문을 열었다. 세계 각지에서 수십만 명의 광부들이 미국으로 모여들었고 그 유명한 서부 개척 시대가 시작되었다. 미국은 지금도 세계에서 금이 가장 많이 생산되는 주요 금 생산지다.

●연관 키워드

은어 | 은행 | 비트코인 | 자본 | 영화 | 위조 | 신용 | 신용 카드 | 크로이소스 | 달러 | 기부 | 전자 화폐 | 유로 | 금융 | 일확천금 | 프로이트 | 이익 | 게임 | **금** | 아르파공 | 유산 | **강도** | 면죄부 | 인플레이션 | **보석** | 제롬 케르비엘 | 존 메이너드 케인스 | 돈세탁 | 복권 | 사랑 | 마피아 | 미다스 | 백만장자 | 화폐 | 돈의 재료 | 돼지 저금통 | 권력 | 행복의 조건 | 몸값 | 월급 | 스크루지 맥덕 | 성 | 은수저 | 스포츠 | 세금 | 보물 | 사이비 종교 | 물질만능주의 | **월 스트리트** | 물물교환 | 위안 | 여피족 | 에밀 졸라

아르파공

인색함은 인간의 다양한 속성 중 하나다. 그러나 인색함은 동서고
금을 막론하고 사회생활을 하는 데 심각한 결점으로 여겨져 왔다.
많은 종교가 남에게 인색하게 굴고 자신의 탐욕만 채우는 태도를
비난하고 있다. 특히 가톨릭에서는 탐욕을 7대 죄악 중 하나로 규
정하고 있을 정도다.

Harpagon

"오, 이런! 불쌍한 나의 돈이여, 내 불쌍한 돈, 나의 다정한 친구! 내게서 널 빼앗아 가다니! 네가 사라졌으니 나는 이제 나의 버팀목이자 나의 위안, 나의 기쁨을 잃었도다! 이제 모든 것이 끝났으니 이 세상에 더는 미련 둘 것이 없구나! 나는 너 없이는 살아갈 수 없단다."

프랑스의 천재 극작가 몰리에르가 1668년에 발표한 희곡 〈수전노(L'Avare)〉의 한 대목이다. 이 대사는 세상에 둘도 없는 구두쇠인 주인공 아르파공이 외치는 말로 오늘날까지도 많은 사람들의 기억 속에 남아 있다. 돈의 노예가 된 아르파공의 모습이 물질만능주의에 빠진 현대인의 모습과 많이 닮아 있기 때문일지도 모르겠다.

프랑스에서는 오늘날에도 인색한 사람, 특히 꼭 필요할 때조차 돈을 아끼는 사람은 아르파공 취급을 받곤 한다. 몰리에르의 희곡 〈수전노〉에 등장하는 아르파공은 고리대금업으로 돈을 벌어들인 나이 든 부자다. 아르파공은 자식들의 반대에도 아랑곳하지 않고 돈을 들여 젊은 여성과 결혼하려고 한다. 하지만 그의 계획은 수포로 돌아간다. 그에게 남은 유일한 위안은 궤짝 안에 모아 둔 자신의 돈뿐이다. 그 궤짝이 아르파공에게는 유일하게 믿을 수 있는 친구인 셈이다. 그런데 그 돈마저 하인에게 도둑맞고 만다. 극중에서 아르파공은 돈을 거의 숭배하다시피 한다. 과연 이러한 아르파공을 우리는 정말 부자라고 할 수 있을까? 아무리 부자라고 해도 마음만은 무척 가난한 사람으로 느껴지지 않는가?

겉으로 보기에 몰리에르는 작품을 통해 아르파공의 인색함만을 비판하고 있는 것처럼 보인다. 하지만 더 자세히 들여다보면 몰리에르가 아르파공이라는 인물을 통해 돈이 가진 권력과 그 권력의 천박성, 더 나아가 17세기 프랑스 상류 사회의 이기주의를 비판하고 있다는 사실을 깨닫게 된다.

아르파공과 같은 구두쇠 이야기는 전 세계에 널려 있다. 한국에도 구두쇠에 관한 이야기가 꽤 많이 전해 내려오고 있다. 반찬 값이 아까워 소금과 맨밥만 먹다가, 소금조차도 아까워 천장에 굴비를 매달아 놓고 눈으로 보기만 했다는 자린고비 이야기나 돈이 아까워 병든 팔십 노모에게 약 한 첩 쓰지 않는 옹고집 이야기는 잘 알려진 한국의 구두쇠 이야기다. 그 밖에도 부모가 남긴 유산을 혼자서 차지하기 위해 흥부네 가족을 내쫓는 놀부 이야기 등이 한국의 대표적인 구두쇠 설화다.

● **연관 키워드**

은어 | 은행 | 비트코인 | 자본 | 영화 | 위조 | 신용 | 신용 카드 | 크로이소스 | 달러 | 기부 | 전자 화폐 | 유로 | 금융 | 일확천금 | 프로이트 | 이익 | 게임 | 금 | **아르파공** | 유산 | 강도 | 면죄부 | 인플레이션 | 보석 | 제롬 케르비엘 | 존 메이너드 케인스 | 돈세탁 | 복권 | 사랑 | 마피아 | 미다스 | 백만장자 | 화폐 | 돈의 재료 | 돼지 저금통 | 권력 | **행복의 조건** | 몸값 | 월급 | **스크루지 맥덕** | 성 | 은수저 | 스포츠 | 세금 | 보물 | 사이비 종교 | **물질만능주의** | 월 스트리트 | 물물교환 | 위안 | 여피족 | **에밀 졸라**

유산

Heritage

인류 역사가 시작된 이래로 유산 상속은 언제나 말도 많고 탈도 많은 주제였다. 유산을 둘러싼 갈등은 대개 진흙탕 싸움으로 번지곤 한다.

Heritage

오늘날에도 유산 상속 문제를 두고 가족 관계가 산산조각 나는 일은 결코 드물지 않다. 대표적인 예로 삼성가의 장남 이맹희와 동생 이건희 삼성그룹 회장 간에 벌어졌던 상속 싸움을 들 수 있다. 아마 유산 상속은 인류 역사에서 가장 많은 갈등을 불러일으킨 문제일 것이다.

일반적으로 유산은 한 세대에서 다음 세대로 전해지는 모든 것을 의미한다. 문화적 유산이나 종교적 유산은 물론이고 사소하게는 우리 이름 앞에 붙는 성씨(姓氏)도 일종의 유산이다. 하지만 우리가 통상적으로 쓰는 유산의 의미는 누군가 사망한 뒤 남아 있는 가족 구성원에게, 혹은 법적으로 가족과 유사한 위치에 있는 사람에게 전해지는 모든 것을 의미한다. 대개는 돈으로 환산 가능한 재산의 형태를 띠고 있다. 유산을 물려받는 사람을 상속인이라고 하는데 만약 유산을 물려받을 상속인이 없을 경우 죽은 사람의 재산은 국고로 환수된다.

아주 오래전 서양에서 유산은 부동산만을 가리키는 개념이었다. 그러나 현대에 들어와서는 다양한 형태의 재산을 모두 유산이라고 부르게 되었다. 집을 포함한 부동산과 동산, 지적 재산권 및 저작권 등도 유산의 개념 안에 들어간다. 이처럼 유산의 개념

이 복잡해지면서 이제는 법적 공증인에게 유언장을 남겨 유산의
상속 범위와 상속인을 지정하는 경우도 흔해졌다. 이는 상속과
관련해 다툼이 발생하는 것을 방지하기 위한 노력의 하나다. 그
러나 이 같은 노력에도 유산 상속을 둘러싼 잡음이 사라지지는

않았다. 또한 일반적으로는 배우자나 자녀, 형제 등 가족이 상속인이 되는 경우가 많은데, 사람에 따라 유산의 일부를 사회단체나 종교 집단에 기부하도록 지정하는 경우도 있다.

일각에는 재벌가의 유산 상속에 대해 비판의 목소리를 높이는 사람들도 있다. 노력하지 않고 부모의 재산을 거저 물려받는 것이 건강한 문화인지 생각해 볼 지점은 분명히 있다. 실제로 수세기에 걸쳐 귀족과 부르주아들은 권력을 재생산하기 위한 도구로 유산 상속을 이용했다. 그 전통이 지금까지 이어져 요즘도 재벌 기업 총수들이 그들의 사업을 자녀에게 물려주고 있다. 특히 우리나라 재벌들의 경우 법의 허점을 교묘히 이용해 불법으로 기업을 자식들에게 상속하는 일이 부지기수다.

H

강도

"손 들어! 움직이면 쏜다!"라는 대사를 영화 속에서 한 번쯤은 들어봤을 것이다.

Hold up

때는 서부 개척 시대, 철도가 깔리기 시작했고 열차는 그 위를 맹렬하게 달려 나갔다. 열차가 아메리카 대륙의 서부 광야를 횡단하기 시작했을 무렵, 대륙 곳곳에서는 금광과 은광이 발견되었고, 사람들은 금과 은을 캐기 위해 서부 광야로 몰려들었다. 금광이 발견된 지역에는 수많은 강도와 무법자가 들끓기 시작했다. 그들은 총을 들고 나타나 달리는 열차를 세웠다. 그러고 나서 열차에 있는 물건을 모두 땅 위에 내리도록 위협했다. 열차에는 금광에서 채굴한 금덩어리와 광부들에게 지급할 임금 보따리 등이 가득 실려 있었다.

그 뒤 은행이 발전하기 시작했다. 은행이 발달함에 따라 무장 강도들의 행태 역시 진화하기 시작했다. 그들은 열차 대신에 은행을 습격했고 열차 강도는 급격히 줄어들었다. 그렇다고 열차를 급습하는 문화가 아예 자취를 감춘 것은 아니다. 어떻게 보면 지금까지도 여전히 되풀이되는 범죄 중에 하나라고도 이야기할 수 있다. 오늘날에도 은행의 현금 수송 차량을 노린 강도 사건이 계속해서 일어나고 있지 않은가?

무장 강도들은 은행(또는 금은방 등의 상점)에 들이닥쳐 금고에 있는 돈을 모조리 내놓으라고 협박한다. 하지만 무장 강도 대부

분이 도망치다가 경찰에 잡힌다. 진짜 무서운 것은 그보다 한 차원 높은 수준의 강도들이다. 이들은 은행에 아무도 모르게 침투한다. 은행이 문을 닫은 시간을 골라 하수구나 지하 터널 등을 통해 조심스레 은행 내부로 들어간다. 이들의 목표는 단 하나다. 은행 고객들이 맡긴 귀금속이나 현금이 보관되어 있는 금고에 도달하는 것이다.

● 연관 키워드

은어 | **은행** | 비트코인 | 자본 | 영화 | **위조** | 신용 | 신용 카드 | 크로이소스 | 달러 | 기부 | 전자 화폐 | 유로 | 금융 | **일확천금** | 프로이트 | 이익 | 게임 | 금 | 아르파공 | 유산 | **강도** | 면죄부 | 인플레이션 | 보석 | 제롬 케르비엘 | 존 메이너드 케인스 | 돈세탁 | 복권 | 사랑 | **마피아** | 미다스 | 백만장자 | 화폐 | 돈의 재료 | 돼지 저금통 | 권력 | 행복의 조건 | **몸값** | 월급 | 스크루지 맥덕 | 성 | 은수저 | 스포츠 | 세금 | 보물 | 사이비 종교 | 물질만능주의 | 월 스트리트 | 물물교환 | 위안 | 여피족 | 에밀 졸라

면죄부

'면죄부'라는 말에는 타인에 대한 이해와 관용이 포함되어 있다. 누군가에게 면죄부를 준다는 것은 그를 넓은 이해심으로 용서한다는 말이다.

Indulgence

역사 속에서 면죄부라는 용어를 처음 사용한 것은 가톨릭교회다. 가톨릭은 최초로 면죄부라는 용어를 고안했을 뿐만 아니라 면죄부 시스템을 실제로 도입했다. 가톨릭이 도입한 면죄부란 성경에 근거한 개념이었다. 성경에 의하면 인간은 하느님의 은혜와 예수 그리스도에 대한 믿음을 통해 구원받을 수 있는 존재다. 인간은 태어나면서부터 잘못을 저지르고 죄를 짓게 되는데 이를 용서받기 위해서는 하느님을 믿고 구원받아야 한다. 면죄부 시스템은 바로 이러한 성경 구절에 착안한 것이었다. 옛날 가톨릭 신자는 지옥에 가지 않으려면 신의 대리인인 교황에게서 '면죄부'라는 서류를 받아야 했다. 당시 면죄부는 천국으로 가는 여권 같은 역할을 하는 매우 신성한 서류였다. 하지만 시간이 지나면서 면죄부 시스템도 변질되기 시작했다.

16세기 초 가톨릭교회는 로마에 성 베드로 대성당을 짓고자 했다. 그런데 성당의 건축 비용이 문제였다. 성당을 지으려면 엄청난 액수의 건축 비용이 필요했던 것이다. 천문학적인 액수의 건축 비용을 충당하기 위해 교황은 돈을 내고 면죄부를 구입하면 죄를 용서받을 수 있다고 선전했다. 가톨릭 신자들은 자신의 죄를 지우기 위해 면죄부를 사기 시작했다. 면죄부를 사고팔기 시작하면서 가톨릭교회는 대규모의 금융 거래소로 바뀌기 시작했다. 죄목에 따라 면죄부의 가격 또한 천차만별이었다. 그래서 결국 면죄부 가격표까지 생겨났다. 자신의 가족을 죽인 경우에는 5카를리노(당시 이탈리아에서 통용되던 화폐 단위), 사제 등 가톨릭교회에 소속된 사람을 죽인 경우에는 9카를리노, 아이를 낙태한 여성은 5카를리노를 내야 했다.

1517년 독일의 신부였던 마틴 루터가 이러한 면죄부 거래에 반기를 들고 나섰다. 마틴 루터는 가톨릭교회의 부패를 비판한 이른바 '95개 조 논제'를 작성해 비텐베르크 성(城) 교회 문 앞에 붙였다. 가톨릭교계에서 파문당한 마틴 루터는 개신교를 창시하고, 그 결과 종교개혁의 선봉에 서게 되었다.

● **연관 키워드**

은어 | 은행 | 비트코인 | 자본 | 영화 | 위조 | 신용 | 신용 카드 | 크로이소스 | 달러 | 기부 | 전자 화폐 | 유로 | 금융 | 일확천금 | 프로이트 | **이익** | 게임 | 금 | 아르파공 | 유산 | 강도 | **면죄부** | 인플레이션 | 보석 | 제롬 케르비엘 | 존 메이너드 케인스 | 돈세탁 | 복권 | 사랑 | 마피아 | 미다스 | 백만장자 | 화폐 | 돈의 재료 | 돼지 저금통 | 권력 | 행복의 조건 | 몸값 | 월급 | 스크루지 맥덕 | 성 | 은수저 | 스포츠 | **세금** | 보물 | **사이비 종교** | **물질만능주의** | 월 스트리트 | 물물교환 | 위안 | 여피족 | 에밀 졸라

I

Inflation

인플레이션

시민들의 삶에 큰 영향을 끼치는 중요한 경제 지표로 실업률과 인플레이션을 들 수 있다.

Inflation

인플레이션이란 화폐 가치의 하락으로 인해 물가가 전반적으로 오르는 경제 현상을 말한다. 물가는 갈수록 높아지는데 월급이 그만큼 오르지 않거나 오히려 가치가 하락한다면 어떻게 될까? 물가가 올라가기 전과 비교해 물건을 조금밖에 살 수 없을 것이다. 화폐 가치의 하락으로 인해 물건을 사고 싶어도 돈이 부족해 못 사는 현상이 발생하는 것이다. 그렇게 되면 사람들의 삶의 질이 급격하게 떨어지고 생활이 궁핍해진다. 생활이 쪼들리면 사람들은 소비를 줄이기 마련이고 이는 경제 발전을 위축시킨다.

그래서 인플레이션은 모든 나라에서 아주 조심스럽게 다루고 있는 민감한 경제 현상이다. 한국도 예외가 아니다. 한국 통계청에서는 매달 489개의 상품과 서비스 품목의 가격을 조사해 소비자 물가 지수를 계산하여 발표하고 있다. 소비자 물가 지수는 인플레이션의 정도를 측정할 수 있는 척도로 나라 전체에서 소비한 제품들의 평균 가격이 한 달 새 얼마나 바뀌었는지 확인할 수 있다.

인플레이션은 석유, 가스 등 원자재 가격이 폭등할 때 자주 발생한다. 1973년과 1979년에 일어난 오일 쇼크(유류 파동) 때도 마찬가지였다. 당시 석유 가격이 큰 폭으로 급등하면서 물가 역시 동시에 상승했다. 상품을 만드는 데 들어가지 않는 곳이 없는 원자재인 석유 가격이 오르자 전 세계적으로 물가가 상승했던 것이다. 결국 오일 쇼크로 인해 거대한 인플레이션이 전 세계를 강타했다. 또 2008년 초에도 석유 가격이 급등한 일이 있었는데 결국 인플레이션의 재발로 이어졌다.

독일 통일과 인플레이션

유로화가 도입되기 전에 독일에서는 마르크화를 기본 화폐로 사용했다. 독일은 동과 서로 분단된 나라였는데 1990년 통일되었다. 1989년 이전까지는 자본주의 국가였던 서독의 마르크화가 공산주의 국가였던 동독 마르크화보다 가치가 세 배 더 높았다. 그러나 베를린 장벽이 무너지고 통일이 이루어지자 독일 정부는 즉각 동독의 화폐 가치를 서독의 화폐 수준으로 조정하고 동독의 임금 수준을 세 배로 늘렸다. 사람들의 구매력이 갑자기 상승한 것이다. 동독 기업들은 갑자기 급등한 소비자 수요에 대응해 생산을 늘릴 여력이 없었다. 결국 시장에 상품이 부족해졌고 그로 인해 물건 값이 뛰기 시작했다. 이 같은 현상은 물가 상승과 화폐 가치 하락으로 이어졌고 거대한 인플레이션과 실업률 상승 등의 부작용을 낳았다.

● 연관 키워드

은어 | 은행 | 비트코인 | **자본** | 영화 | 위조 | 신용 | 신용 카드 | 크로이소스 | 달러 | 기부 | 전자 화폐 | 유로 | **금융** | 일확천금 | 프로이트 | 이익 | 게임 | 금 | 아르파공 | 유산 | 강도 | 면죄부 | **인플레이션** | 보석 | 제롬 케르비엘 | 존 메이너드 케인스 | 돈세탁 | 복권 | 사랑 | 마피아 | 미다스 | 백만장자 | 화폐 | 돈의 재료 | 돼지 저금통 | 권력 | 행복의 조건 | 몸값 | **월급** | 스크루지 맥덕 | 성 | 은수저 | 스포츠 | 세금 | 보물 | 사이비 종교 | 물질만능주의 | **월 스트리트** | 물물교환 | 위안 | **여피족** | 에밀 졸라

보석

누가 뭐래도 보석은 '부유함'을 상징하는 대표적인 물건이다. 보석에 깃들어 있는 종교적인 의미나 감각적이고도 낭만적인 이미지는 차치하더라도 보석은 사회적으로, 또 그 자체만으로 언제나 중요한 물건이었다.

어머, 예뻐라! 그런데 옆집 남편처럼 매머드는 언제 잡아 올 거죠?

Jewel

인류 최초로 금이 발견된 시기는 선사 시대 말경이다. 금이 발견된 이래 오늘날까지 귀금속 세공 기술은 지속적으로 발전을 거듭해 왔다. 금과 은, 각종 보석으로 만들어진 장신구들은 원래 신이나 왕에게 바치기 위해 만들어진 물건이었다. 사람들은 정성들여 만든 장신구를 바치는 행위를 통해 신 혹은 왕에 대한 경외심을 표현했다. 그 대표적인 예로 고대 이집트에서는 왕인 파라오가 사망하면 황금으로 만든 장신구와 각종 보석들을 함께 무덤에 묻는 풍습이 있었다.

시간이 흐르자 일부 귀족 계층들도 보석을 소유할 수 있게 되었다. 지중해 연안을 중심으로 수많은 보석 가게들이 생겨났고 당대의 재력가와 권력가들이 이 보석 가게들을 찾기 시작했다. 보석 세공 기술은 그 뒤로 몇 세기에 걸쳐 전 세계로 퍼져 나가기 시작했다. 유럽과 아메리카뿐만 아니라 아시아, 아프리카 등 사방으로 전해졌다. 그러나 그때까지만 해도 보석 세공 기술은 지배층을 위한 것이었다. 보석은 귀족들만의 전유물로 평범한 사람들은 감히 넘볼 수조차 없는 물건이었다. 당시 유럽에서는 보석 세공업자들이 고객의 사회적 계급에 맞춰 보석을 선별해 장신구를 제작할 정도였다고 한다.

산업 혁명 시대에 이르자 보석이 대량 생산되기 시작했다. 보석은 점차 대중화되었고 예전보다는 사치품으로서의 성격이 많이 줄어들었다. 그러나 오늘날에도 부유층을 위한 맞춤 제작 보석이나 명품 보석은 여전히 존재하고 있다. 이렇게 제작된 보석은 누구나 구입할 수 있는 대량 생산 보석과는 분명한 차이가 있어 상대적으로 가치를 더 인정받고 있다.

특히 다이아몬드를 비롯한 에메랄드, 사파이어, 루비와 같은 보석들은 막대한 부를 상징한다. 금과 마찬가지로 영원불변의 특성이 있는 다이아몬드는 그 찬란한 광채와 투명함, 희소가치 때문에 예로부터 신성한 광물로 여겨져 왔다. 현재도 다이아몬

다이아몬드의 이름

값비싸고 유명한 다이아몬드에는 고유한 이름이 붙게 마련이다. 한때 세계에서 가장 큰 다이아몬드로 유명했던 다이아몬드의 이름은 '컬리넌 다이아몬드'였다. 1905년 남아프리카에서 발견된 컬리넌 다이아몬드는 세공을 거쳐 '아프리카의 거대한 별'과 '아프리카의 작은 별'이라는 이름의 다이아몬드로 나누어지게 된다. 또한 고가에 팔린 다이아몬드의 소식이 종종 신문 1면을 장식하는 경우도 있다. 역사상 가장 비싸게 팔린 다이아몬드는 '비텔스바하 다이아몬드'다. 17세기에 발견된 청회색 빛의 이 다이아몬드는 2008년 경매를 통해 사상 최고가인 331억 원에 판매되었다.

드는 누구나 가지고 싶어 하는 보석이며, 보석 중에서 가장 비싸게 거래된다.

이 같은 다이아몬드 때문에 인도, 남아프리카, 인도네시아 등지에 있는 다이아몬드 광산들은 늘 인간의 탐욕으로 들끓었다. 실제로 아프리카의 시에라리온에서는 거대한 다이아몬드 광산을 둘러싼 잔혹한 내전이 발발하기도 했다. 1991년부터 시작된 전쟁은 11년 만인 2002년이 되어서야 그 막을 내렸다.

● **연관 키워드**

은어 | 은행 | 비트코인 | 자본 | 영화 | 위조 | 신용 | 신용 카드 | **크로이소스** | 달러 | 기부 | 전자 화폐 | 유로 | 금융 | **일확천금** | 프로이트 | 이익 | 게임 | **금** | 아르파공 | 유산 | 강도 | 면죄부 | 인플레이션 | **보석** | 제롬 케르비엘 | 존 메이너드 케인스 | 돈세탁 | 복권 | 사랑 | 마피아 | **미다스** | 백만장자 | 화폐 | 돈의 재료 | 돼지 저금통 | **권력** | 행복의 조건 | 몸값 | 월급 | 스크루지 맥덕 | 성 | 은수저 | 스포츠 | 세금 | **보물** | 사이비 종교 | 물질만능주의 | 월 스트리트 | 물물교환 | 위안 | 여피족 | 에밀 졸라

제롬 케르비엘

경제학자인 케인스와 금융 사기꾼인 케르비엘을 함께 이야기하는 것이 말도 안 된다고 느낄 수도 있겠다. 하지만 케르비엘과 케인스는 돈과 관련된 사람이라는 점 외에도 두 사람을 잇는 또 다른 공통점이 있다.

안녕하세요.
제 이름은
제롬 케르비엘입니다.
저는 49억 유로를
날렸습니다.

아이고, 케르비엘!
아주 나쁜 일을
했군요

Kerviel

제롬 케르비엘이라는 인물에 대해 들어 본 적이 있는가? 제롬 케르비엘은 프랑스 제2의 은행인 소시에테 제네랄에 근무했던 트레이더, 즉 증권 거래인이었다. 2007년 말, 입사 7년 차였던 제롬은 불법으로 증권을 거래하다가 49억 유로, 한국 돈으로 약 7조 6000억 원을 날리게 된다. 이 일로 인해 케르비엘은 희대의 금융 사기꾼으로 세계에 악명을 떨쳤다. 이 사건으로 케인스식 경제 원칙, 즉 "시장을 내버려 두면 보이지 않는 손이 최상의 경제 상황을 만들어 낸다는 아담 스미스의 경제 원칙에 반대한다."는 이론이 완벽히 증명되었다.

케르비엘의 직업은 트레이더였다. 트레이더란 증권 거래인을 말한다. 트레이더들의 주된 업무는 주식 시장에서 증권을 사고 팔아 이익을 내는 것이다. 이렇게 얻은 이익은 곧 은행의 수입이 된다. 그런데 이 수입은 곧 트레이더의 수익이기도 하다. 트레이더는 주식 시장에서 자신이 거두어들인 이익에 따라 상여금을 받는 것이 일반적이기 때문이다.

트레이더라는 직업은 1980년대 초에 생겨났다. 그 당시는 은행들이 사업 분야를 넓히고 금융 상품의 종류를 다양화하던 때였다. 증권 거래는 막대한 수입을 창출했고, 트레이더는 선망의 직업이 되었다. 하지만 어두운 면도 있었다. 트레이더들 사이에 경쟁이 치열해지면서 각종 투기나 불법 거래가 벌어졌던 것이다.

　트레이더는 원래 이율 리스크(시기에 따른 이율의 변동), 환율 리스크(두 화폐 간의 가치 변동) 등의 금융 리스크로부터 은행의 고객들, 특히 기업들을 보호하는 역할을 했다. 하지만 시간이 흐르면서 은행의 돈을 투자해 자금을 불리는 투기에 더 열을 올리기 시작했다. 이 같은 변화는 은행에 막대한 이익을 가져다주기도 했지만 제롬 케르비엘 사건과 같이 막대한 손실을 낳는 원인이 되기도 했다.

　제롬 케르비엘 사건과 비슷한 사례는 또 있다. 1995년 영국의 트레이더 닉 리슨(Nick Leeson)이 영국의 베어링스 은행을 파산시킨 사건이다. 베어링스 은행은 1762년에 창립되어 영국에서

제롬 케르비엘의 인기

소시에테 제네랄 은행 사건이 터진 뒤 제롬 케르비엘은 언론에 희대의 사기꾼으로 소개되었다. 그런데 케르비엘은 오히려 엄청난 인기를 얻게 되었다. 특히 인터넷상에서는 그 정도가 심했다. 그를 응원하는 팬들이 팬 사이트를 만들었고, 케르비엘의 이름이 들어간 옷과 시계를 판매하는 온라인 쇼핑몰까지 생겨날 정도였다. 2008년 1월에 발간된 프랑스의 일간지 〈르 피가로〉의 여론 조사에 따르면 응답자의 50퍼센트가 이 사건의 책임은 제롬 케르비엘 개인이 아닌 은행 경영진에게 있다고 답했다.

가장 오랜 역사를 자랑하던 은행이었다. 당시 닉 리슨은 싱가포르 증시에서 투기 거래를 했다가 8억 6천만 파운드의 손실을 냈다. 제롬 케르비엘의 경우처럼 닉 리슨 역시 서류를 조작해 손실을 외부에 알리지 않고 끝까지 숨겼다고 한다. 닉 리슨의 이야기는 1999년 〈겜블(Trader)〉이라는 영화로 제작되기까지 했다.

존 메이너드 케인스

영국의 경제학자 존 메이너드 케인스(1883~1946)는 20세기 경제 이론을 설명할 때 빼놓을 수 없는 인물이다. 케인스의 경제 이론은 세계 경제 정책에 혁신적인 변화를 가져왔으며, 21세기 초인 현재까지도 큰 영향을 끼치고 있다.

Keynes

2008년, 세계 금융 위기가 전 세계를 강타했다. 금융 위기는 세계 곳곳에 빈곤과 실업 문제를 가중시켰고 그로 인한 피해를 줄이기 위해 각국 정부는 온갖 노력을 기울였다. 그중 각 나라가 가장 중요하게 다루었던 것은 바로 국가의 경제 정책이다. 정부의 경제 정책이 어떻게 결정되느냐에 따라 국민들이 느끼는 경제적 어려움이 줄어들 수도, 늘어날 수도 있기 때문이었다.

각국이 시행했던 경제 정책 중 상당수는 그 유명한 케인스 이론에 바탕을 둔 것들이었다. 흥미로운 사실은 케인스가 자신의 생각을 이론으로 정립해 세상에 발표한 것이 바로 1929년 경제 위기 때였다는 점이다. 거의 100년이라는 시간이 지난 2008년 세계 금융 위기에 케인스의 이론이 다시 등장했다는 것은 꽤 큰 의미가 있다고 할 수 있다.

1920년대 말, 미국은 은행과 증권 분야가 엄청나게 발전한 나라였다. 그러나 금융의 발전은 사람들의 투기를 부추겼다. 투기는 점점 과열되었고 결국 거품이 빠지는 날이 찾아왔다. 투기 거품이 빠지자 미국 경제는 무너져 내렸고, 미국에 의존하던 세계 경제에는 어두운 대공황의 그림자가 드리웠다.

당시 케인스는 증권 거래로 대표되는 '이익만을 위한 경쟁'에 반대했다. 케인스는 "내가 매일같이 똑똑히 목도하는 것은 우리 시대의 도덕적 문제가 돈에 집착하는 마음에서 발생한다는 사실이다. 우리가 하루에 열 가지 행동을 한다면 그중 아홉 가지는 이익을 내기 위한 욕심에 바탕을 둔 행동이다. 이 모든 일은 돈이 사회적 성공의 척도로 여겨지기 때문이다."라고 했다.

케인스는 《화폐론》과 《고용, 이자, 화폐의 일반 이론》이라는 두 권의 경제 서적을 발표해 이른바 '케인스 혁명'을 불러왔다. 케인스 혁명이란 금융 시장을 희생시켜서라도 경제적, 사회적 경영에 국가가 적극적으로 개입해야 한다는 '복지 국가' 이론이었다. 오늘날 이 이론은 상당수의 서구 선진국들이 도입하고 있으

며, 특히 2008년 세계 금융 위기의 피해를 줄이기 위한 경제 활
성화 정책과 은행의 금융 구제안 등에 실제로 반영되었다.

●**연관 키워드**

은어 | 은행 | 비트코인 | **자본** | 영화 | 위조 | 신용 | 신용 카드 | 크로이소스 | 달러 | 기부 | 전자 화폐 | 유로 | **금융** | 일확천금 | 프로이트 | 이익 | 게임 | 금 | 아르파공 | 유산 | 강도 | 면죄부 | 인플레이션 | 보석 | 제롬 케르비엘 | **존 메이너드 케인스** | 돈세탁 | 복권 | 사랑 | 마피아 | 미다스 | 백만장자 | 화폐 | 돈의 재료 | 돼지 저금통 | 권력 | 행복의 조건 | 몸값 | 월급 | 스크루지 맥덕 | 성 | 은수저 | 스포츠 | 세금 | 보물 | 사이비 종교 | 물질만능주의 | 월 스트리트 | 물물교환 | 위안 | **여피족** | 에밀 졸라

돈세탁

'돈을 세탁한다'라는 말은 더러운 돈을 깨끗하게 만든다는 의미다. 차라리 돈을 세탁기에 넣고 돌린다는 뜻이었으면 좋겠다.

Laundering

돈세탁이란 마약 거래, 무기 매매, 매춘 등 불법적인 방법을 통해 벌어들인 '더러운 돈'을 부동산 등 합법적인 분야에 투자하는 행위를 말한다. '검은돈'이라고도 불리는 더러운 돈을 합법적인 경제 활동에 투자해 경찰의 감시에서 벗어나는 것이 돈세탁의 주된 목적이다. 결국 돈세탁은 불법적으로 벌어들인 돈의 경로를 지워 내기 위한 과정인 것이다. 그래서 범죄자들에게 돈세탁은 매우 일상적이고도 중요한 과정이다. 범죄로 손에 넣은 돈을 안전하게 사용하려면 돈세탁을 반드시 거쳐야만 한다. 돈세탁의 기술은 오랜 세월 동안 완벽에 가까울 정도로 발전해 왔으며 그 기술도 매우 다양해졌다. 그중에서도 다음의 세 가지 수법이 가장 많이 쓰인다.

- 스머핑(Smurfing) : 스머핑은 돈세탁에 가장 많이 사용되는 기술이다. 스머핑을 위해서는 일단 사람이 많이 필요하다. 많은 사람이 검은 돈을 조금씩 나누어 각자의 은행 계좌에 입금하는 수법이기 때문이다. 은행이 의심하지 않도록 여러 명이 아주 적은 금액을 나누어 입금하는 것이 중요하다.

- 차명으로 현금 구매 : 돈세탁꾼은 다른 사람에게 돈을 주고 이름을 빌려(이것을 '차명(借名)'이라고 한다) 그 이름으로 자동차나 배, 귀금속 등 고가의 물건을 현금으로 구입한다. 물론 이렇게 구입한 물건은 돈세탁꾼 본인이 사용한다.

- 현금 거래가 많은 회사에 투자 : 호텔, 레스토랑, 나이트클럽, 환전소 등 현금을 많이 사용하는 일반 기업에 검은돈을 투자한다. 이 수법을 사용하면 결국 검은돈과 깨끗한 돈이 섞여 구분할 수 없게 된다.

알 카포네

미국의 유명한 조직 폭력단 두목인 알 카포네(Al Capone)는 1928년 실제로 '새니터리 클리닝 숍(Sanitary Cleaning Shops)'이라는 세탁소 체인을 차렸다. 자신이 합법적인 사업을 하는 것처럼 정부를 속이기 위해서였다. 실제로는 알 카포네가 불법 주류 판매, 매춘, 도박 등 불법적으로 벌어들인 더러운 돈을 세탁소 운영을 통해 합법적인 돈으로 바꾸었을 것으로 추측하는 사람들이 많다.

●연관 키워드

은어 | 은행 | 비트코인 | 자본 | 영화 | 위조 | 신용 | 신용 카드 | 크로이소스 | 달러 | 기부 | 전자 화폐 | 유로 | 금융 | 일확천금 | 프로이트 | 이익 | 게임 | 금 | 아르파공 | 유산 | **강도** | 면죄부 | 인플레이션 | 보석 | 제롬 케르비엘 | 존 메이너드 케인스 | 돈세탁 | 복권 | 사랑 | **마피아** | 미다스 | 백만장자 | 화폐 | 돈의 재료 | 돼지 저금통 | **권력** | 행복의 조건 | 몸값 | 월급 | 스크루지 맥덕 | 성 | 은수저 | 스포츠 | 세금 | 보물 | 사이비 종교 | 물질만능주의 | 월 스트리트 | 물물교환 | 위안 | 여피족 | 에밀 졸라

복권

"당신에게도 인생 역전의 기회가!"라는 광고 문구를 보면 나도 복권을 사기만 하면 당첨될 것만 같다. 그러나 로또 1등에 당첨될 확률은 8,145,060분의 1에 지나지 않는다.

Lottery

복권은 도박과 마찬가지로 꿈을 파는 사업이다. '백만장자가 될 수 있다'는 꿈 말이다. 실제로 복권에 당첨되어 거액을 손에 거머쥐는 운 좋은 사람들도 있다. 하지만 진짜로 돈을 긁어 모으는 사람들은 따로 있다. 바로 복권이 판매되는 순간마다 이익을 얻는 정부와 복권 위원회.

한국의 로또(Lotto) 복권은 다른 복권들처럼 매우 단순하다. 1부터 45까지의 숫자 중 자신이 원하는 6개의 숫자를 임의로 고르는 '645' 방식이고, 이 6개의 숫자가 당첨 번호와 일치하면 거액을 손에 넣을 수 있다. 그동안 한국의 로또 당첨자는 평균 20억 원에 달하는 당첨금을 받았다고 한다. 2003년에는 로또 1등 당첨자가 사상 최대 금액인 407억 원을 받기도 했다.

상황이 이렇다 보니 쥐꼬리만한 월급으로 한 달을 간신히 버티던 사람이 하룻밤 사이에 로또로 수십억 원을 받는 경우도 생겨났다. 이들을 가리켜 흔히 '벼락부자'라고 한다. 하지만 항간에 떠도는 소문과는 달리 이 벼락부자들은 몇 달 만에 당첨금을 모조리 날려 버리지 않는다고 한다. 많은 당첨자가 당첨금을 받자마자 하던 일을 그만두는 것은 사실이지만 평범한 삶을 이어 가며 계속해서 로또를 사는 당첨자들도 있다.

여러 연구에 따르면 최소 68억 원 이상의 당첨금을 받아야 당첨자의 삶이 뿌리부터 근본적으로 변화한다고 한다. 또한 복권 당첨자들이 겪는 가장 큰 어려움은 거액의 당첨금을 어떻게 관리해야 하는지 기본부터 배워야 한다는 점이다. 많은 복권 당첨자들이 당첨금을 받으면 제일 먼저 꿈에 그리던 집을 구입해 이사를 한다. 그다음으로 금융 상품에 투자해 수익을 얻거나 자녀에게 물려줄 빌딩을 구입하는 데 사용한다.

하지만 갑작스럽게 찾아오는 행운이 다 좋은 것만은 아니다. 여러 가지 불편한 점이 있겠지만 특히 하룻밤 사이에 생겨나는 새 '친구'들이 대표적인 문제다. 이 친구들은 돈을 빌리려면 누구에게 가야 하는지 귀신처럼 알아낸다. 많은 당첨자들이 이름을 밝히지 않고 신분을 숨기는 것도 이러한 이유 때문이다. 몇몇 벼락부자들은 무기력감이나 죄책감을 느끼기도 하는데 심리학에서는 이를 '벼락부자 신드롬'이라고 부른다. 여러 모로 거액의 당첨금을 타는 일이 생각만큼 단순한 일은 아닌 듯하다.

● 연관 키워드

은어 | 은행 | 비트코인 | 자본 | 영화 | 위조 | 신용 | 신용 카드 | **크로이소스** | 달러 | 기부 | 전자 화폐 | 유로 | 금융 | 일확천금 | 프로이트 | 이익 | 게임 | 금 | 아르파공 | 유산 | 강도 | 면죄부 | 인플레이션 | 보석 | 제롬 케르비엘 | 존 메이너드 케인스 | 돈세탁 | 복권 | 사랑 | 마피아 | 미다스 | 백만장자 | 화폐 | 돈의 재료 | 돼지 저금통 | 권력 | 행복의 조건 | 몸값 | 월급 | 스크루지 맥덕 | 성 | 은수저 | 스포츠 | 세금 | 보물 | 사이비 종교 | 물질만능주의 | 월 스트리트 | 물물교환 | 위안 | 여피족 | 에밀 졸라

사랑

돈과 사랑. 이 두 가지가 얼마나 깊게 얽혀 있는지 말하자면 끝도
없을 것이다.

Love

돈과 사랑이 서로 관련 있다는 사실을 믿고 싶지 않을 수도 있다. 하지만 '금쪽 같은 내 사랑', '사랑은 계산하지 않는 것'과 같이 돈과 사랑이 긍정적으로 연관된 말들이 꽤 많이 있다. 돈과 사랑이 서로 관련이 없다고 믿고 싶은 이유는 아마 우리가 알게

모르게 돈에 대한 부정적인 말들을 많이 들어왔기 때문일 것이다. 게다가 "사랑 때문에 값비싼 대가를 치렀다."와 같이 사랑과 돈을 부정적으로 결부시킨 표현들은 얼마든지 있지 않은가?

그런데 애초에 돈을 만들어 낸 것은 우리 인간이다. 오랜 세월 인간은 돈을 사용해 왔고 돈은 우리 삶의 일부가 되었다. 그 점을 생각해 보면 긍정적이든 부정적이든 돈과 사랑이 관련되어 있는 것은 그렇게 놀랄 만한 일이 아니다.

얼마 전까지만 해도 세계 곳곳에는 '결혼 지참금'이라는 풍습이 존재했다. 결혼 지참금이란 결혼할 때 신부 측과 신랑 측이 주고받는 재산을 가리키는 말이다. 각 나라의 문화에 따라 신부나 신랑이 상대방에게 지참금을 가져가며, 때로는 신랑과 신부 양측 모두가 지참금을 준비해 서로 주고받는 경우도 있다. 아직도 일부 국가에서는 어린 신부의 부모가 신랑 측 부모에게 자동차, 보석, 땅, 가축 등 값비싼 재물을 선물하기 위해 큰 빚을 지기도 한다. 한번 딸을 시집보내고 나면 대대로 그 빚을 갚아야 하는 상황이 벌어지자 급기야는 결혼 지참금 제도를 정부에서 금지하는 경우도 생겨났다.

과거에 널리 퍼졌던 관습 가운데에는 '신부값'이라는 제도도 있었다. 신부값은 인도와 중동, 일부 아프리카 국가에서 찾아볼 수 있는 고전적인 풍습으로 예비 신랑이 신부를 사기 위해 돈을 자루에 담아 제삼자를 통해 전달하는 일이다. 신랑이 가져온 신부값은 대체로 그 금액 그대로 받아들여지지만 때로는 신부값을 두고 결혼 직전까지 협상이 이어지기도 한다.

이러한 결혼 지참금 제도는 그리 유쾌한 풍습은 아니다. 사랑은 가격을 매길 수는 없을 뿐더러 사랑의 감정에는 돈이 끼어들 만한 자리가 없기 때문이다. 너무 이상적인 소리일까? 어쩌면 그럴 수도 있겠다.

돈과 사랑

결혼은 두 사람이 생사고락을 함께 나누며 평생 살아가기로 다짐하는 약속이다. 최근 들어 이혼율이 꾸준히 증가하고 있기는 하지만 오랫동안 결혼 생활을 이어 가는 사람들도 여전히 많다. 흔히 결혼 25주년을 '은혼식', 50주년을 '금혼식'이라 부르고 결혼 60주년을 '다이아몬드 웨딩'이라고 부른다. 이러한 문화를 보면 돈과 사랑이 정말 깊이 얽혀 있음을 다시금 확인할 수 있다.

● 연관 키워드

은어 | 은행 | 비트코인 | 자본 | 영화 | 위조 | 신용 | 신용 카드 | 크로이소스 | 달러 | 기부 | 전자 화폐 | 유로 | 금융 | 일확천금 | 프로이트 | 이익 | 게임 | 금 | 아르파공 | 유산 | 강도 | 면죄부 | 인플레이션 | 보석 | 제롬 케르비엘 | 존 메이너드 케인스 | 돈세탁 | 복권 | 사랑 | 마피아 | 미다스 | 백만장자 | 화폐 | 돈의 재료 | 돼지 저금통 | 권력 | 행복의 조건 | 몸값 | 월급 | 스크루지 맥덕 | 성 | 은수저 | 스포츠 | 세금 | 보물 | 사이비 종교 | 물질만능주의 | 월 스트리트 | 물물교환 | 위안 | 여피족 | 에밀 졸라

마피아

범죄로 돈을 벌 수 있다는 사실도 놀랄 만한 일인데 그것도 엄청
난 돈을 벌 수 있다는 것은 더 충격적이다.

Mafia

중남미나 아시아 등지에서 주로 활동하는 마약 밀매단의 두목들은 재산이 수십 억에 달한다고 한다. 또한 이탈리아, 미국, 러시아, 세르비아, 불가리아, 알바니아, 중국, 일본 등 세계에 퍼져 있는 마피아 조직은 수십 억까지는 아니더라도 강력한 권력을 쥐고 큰 규모의 자본을 움직이고 있다. 이들 마피아는 특히 지하 경제를 무대로 활동하고 있다. 지하 경제를 통제하여 다량의 현금을 유통한다. 그 때문에 불법 자금이 경찰에 발각될 염려도 없고 세금을 낼 필요도 없이 범죄 활동을 이어 나갈 수 있다.

마피아가 가장 활발히 활동하는 분야로는 무기 판매, 마약 거래, 매춘, 모조품 거래, 도박, 인신 매매, 장기 매매, 예술품 거래, 사이버 범죄 등이 있다. 마피아의 경제 활동은 아주 복잡하게 얽혀 있어 불법 여부를 밝혀 내기 매우 힘들다고 한다. 활동 안에 합법과 불법 활동이 교묘하게 섞여 있다 보니 경찰 역시 손을 대기 어렵다는 것이다. 마피아들은 매춘 등 불법 경제 활동을 통해 벌어들인 소득을 레스토랑과 같은 합법적인 사업을 운영하는 데 사용한다. 이러한 경우 처벌이 매우 까다로워진다.

마피아는 기본적으로 보호세 시스템에 기반을 두고 운영된다. 즉, 상인들을 보호한다는 명목으로 상인들에게서 돈을 거둬들이는 것이다. 공갈과 협박으로 유지되고 있는 보호세 시스템을 통해 마피아들은 정기적인 소득을 얻고 있으며 자기들의 활동 영역에 대한 불법적인 통제권을 가지게 된다.

마피아 조직들이 관할 구역이나 시장 등을 놓고 서로 대립하는 것은 모두 이러한 까닭이다. 마피아의 세계에서도 돈은 비정한 물건이다. 마피아들은 경제적인 이득을 위해 자신들에게 불리한 증언을 할 사람들이나 배신자를 찾아 없앤다. 심지어는 자신들의 범죄를 조사하는 판사나 검사도 제거한다.

마피아의 유래

'마피아'라는 단어의 어원이 어디서부터 출발했는가에 대해서는 의견이 분분하다. 하지만 그중에서도 19세기 중반 이탈리아 시칠리아 섬에서 시작된 단어라고 보는 의견이 가장 유력하다. 당시 시칠리아에서 마피아는 기존의 잘못된 제도에 앞장서 맞설 만큼 용기 있는 사람을 가리키는 명예로운 호칭이었다. 다시 말해 마피아란 처음부터 범죄 조직을 의미하는 말은 아니었다는 것이다. 그보다는 사회 전반에 좋은 영향을 미치고, 변화를 위해 솔선수범하는 강한 의지를 가진 사람을 가리키는 호칭이었다.

● 연관 키워드

은어 | 은행 | 비트코인 | 자본 | 영화 | 위조 | 신용 | 신용 카드 | 크로이소스 | 달러 | 기부 | 전자 화폐 | 유로 | 금융 | 일확천금 | 프로이트 | 이익 | 게임 | 금 | 아르파공 | 유산 | 강도 | 면죄부 | 인플레이션 | 보석 | 제롬 케르비엘 | 존 메이너드 케인스 | 돈세탁 | 복권 | 사랑 | 마피아 | 미다스 | 백만장자 | 화폐 | 돈의 재료 | 돼지 저금통 | 권력 | 행복의 조건 | 몸값 | 월급 | 스크루지 맥덕 | 성 | 은수저 | 스포츠 | 세금 | 보물 | 사이비 종교 | 물질만능주의 | 월 스트리트 | 물물교환 | 위안 | 여피족 | 에밀 졸라

미다스

오랜 옛날부터 지금까지, 우리에게 미다스는 금빛 환상을 심어 주는 이름이다.

Midas

돈이 곧 왕이나 다름없는 시대다. 얼마 전 유럽의 한 자동차 정비 업체는 회사 이름을 '미다스'로 정했다. 고장 난 자동차를 황금 자동차로 바꿔 주는 것도 아닌데 말이다! 아마도 회사 이름을 결정하는 과정에서 손에 닿는 것은 무엇이든 황금으로 바꿀 수 있는 미다스의 이야기가 결정적인 역할을 했을 것이다.

흔히 경제 수완이 좋은 사람을 가리켜 "그 사람, 미다스의 손이야. 그 사람이 손대면 금방 돈이 돼!"라고 말한다. 아무것도 없는 무(無)에서 황금을 창조해 내는 일은 인류의 오랜 꿈이었다. 미다스라는 이름은 우리에게 바로 그 환상을 떠올리게 한다.

중세 사람들은 무(無)에서부터 황금을 만들어 내기 위해 연금술이라는 학문을 발전시켰다. 연금술은 납과 같은 평범한 금속을 금이나 은 등의 귀금속으로 변형시키는 '현자의 돌'을 만들어내는 데 그 목적이 있었다. 황금에 대한 인류의 열망은 그만큼 컸다. 그리고 황금을 향한 인간의 열망이 고스란히 드러난 신화가 바로 미다스 신화다.

트로이 전쟁 때보다도 더 먼 옛날, 리디아 왕국(소아시아 지역에 있던 옛 왕국, 오늘날 터키 지역)의 고르디오스 왕에게는 양자가 한 명 있었다고 한다. 그 양자의 이름이 바로 미다스였다. 아버지

가 죽고 난 뒤 미다스는 왕좌를 물려받았다.

어느 날, 술의 신 디오니소스의 스승이자 조언자인 실레노스가 미다스의 영토에 들어오게 되었다. 술에 너무 취해 길을 잃었기 때문이었다. 농부들이 우연히 실레노스를 발견해 미다스 왕에게로 데려왔고 왕은 그를 극진히 대접했다. 그런데 실레노스가 돌아오지 않자 걱정이 된 디오니소스가 실레노스를 찾아 나섰다. 우여곡절 끝에 디오니소스는 미다스 왕의 왕국에서 실레노스를 찾게 되었고 미다스에게 감사의 의미로 소원을 하나 들어주겠노라고 말했다. 그러자 미다스는 손으로 만지는 모든 것을 황금으로 바꾸는 능력을 달라고 청했다.

그러나 미다스의 꿈 같은 소원은 얼마 지나지 않아 악몽으로 바뀌었다. 일단 식사할 때가 가장 문제였다. 모든 음식이 입에 가져다대기도 전에 금으로 바뀌어 버렸다. 먹지도 마시지도 못하게 된 미다스는 디오니소스에게 이 능력을 다시 가져가 달라고 애원했다. 디오니소스는 미다스에게 팍톨로스 강에 가서 두 손을 씻으라고 알려 줬다. 그 뒤 팍톨로스 강의 모래는 전부 금으로 바뀌었다고 한다.

백만장자

거액의 돈에 대해 이야기할 때면 항상 거론되는 상징적인 숫자들이 있다. 그중 백만 달러는 늘 거금의 대명사로 언급되는 숫자다. 엄청난 거금을 의미하면서도 동시에 비교적 현실적인 숫자기 때문이다.

Millionaire

백만 달러를 벌어들였다는 사실만으로도 이미 '대박'이 터진 셈인데 그보다 더 많은 비현실적인 액수의 돈을 가진 사람들이 있다. 세계 72억 인구 중 불과 천 명 정도밖에 안 되는 사람들, 10억 달러(한화 약 1조 1,300억 원)이상의 재산을 보유한 사람들, 이른바 억만장자들이다.

미국의 경제전문지 〈포브스〉는 해마다 세계의 억만장자 순위를 발표한다. 소위 초특급 부자(Super-rich)라고 할 수 있는 사람들의 명단이다. 2010년 영예의 1위로 선정된 억만장자는 멕시코의 기업가인 카를로스 슬림(Carlos Slim)이었다. 카를로스는 통신사를 비롯한 여러 기업을 소유하고 있으며 약 535억 달러에 달하는 재산을 가지고 있는 것으로 알려졌다. 그 뒤를 잇는 부자는 약 500억 달러를 소유한 마이크로소프트사의 창립자 빌 게이츠였다.

백만장자는 억만장자에 비해 그 수가 더 많다. 스위스의 크레디트스위스 은행이 2010년 발표한 자료에 따르면 세계 인구 중 백만장자는 0.5퍼센트에 달한다. 그리고 그들이 세계 부의 35.6퍼센트를 차지하고 있는 것으로 나타났다. 백만장자에 대한 공식 순위를 매기지는 않고 있지만 해마다 러시아 모스크바에서는 전 세계 백만장자들을 위한 박람회가 개최된다. 이른바 '백만장자 박람회(Millionaire Fair)'다. 이 박람회에서는 매년 최신 스포츠카, 헬리콥터, 요트 등이 전시되며 금과 다이아몬드로 장식한 최고급 냄비까지 등장한다.

빚 없이 4천 달러(한화 약 450만 원)의 자산을 가지고 있다면 세계 인구 중 평균 정도의 자산을 가지고 있다고 보면 된다. 자산을 다 합쳐서 7만 2천 달러(한화 약 8,136만 원)가 넘는다면 세계 전체 인구의 상위 10퍼센트에 해당하며, 59만 달러(한화 약 6억 6,000만 원)를 넘는다면 상위 1퍼센트에 해당한다. 그러나 상위 1퍼센트라고 해도 억만장자는커녕 백만장자에도 들지는 못한다.

빈곤선

세계에서 10억 달러 이상의 자산을 가진 사람의 수는 1,000명이 조금 넘어가는 수준이다. 그런데 빈곤선 이하의 소득을 가진 사람은 2010년 기준 15억 명에 달한다. 빈곤선이란 적절한 생활 수준을 유지하는 데 필요한 최소 소득 기준선을 뜻한다. 세계은행(World Bank)이 내놓은 자료에 따르면 현재 '빈곤선 이하'의 삶을 사는 사람들은 하루에 벌어들이는 소득이 1.25달러를 넘지 못한다.

● 연관 키워드

은어 | 은행 | 비트코인 | 자본 | 영화 | 위조 | 신용 | 신용 카드 | 크로이소스 | 달러 | 기부 | 전자 화폐 | 유로 | 금융 | 일확천금 | 프로이트 | 이익 | 게임 | 금 | 아르파공 | 유산 | 강도 | 면죄부 | 인플레이션 | 보석 | 제롬 케르비엘 | 존 메이너드 케인스 | 돈세탁 | 복권 | 사랑 | 마피아 | 미다스 | 백만장자 | 화폐 | 돈의 재료 | 돼지 저금통 | 권력 | 행복의 조건 | 몸값 | 월급 | 스크루지 맥덕 | 성 | 은수저 | 스포츠 | 세금 | 보물 | 사이비 종교 | 물질만능주의 | 월 스트리트 | 물물교환 | 위안 | 여피족 | 에밀 졸라

화폐

많은 역사가들이 화폐야말로 바퀴나 나침반, 인쇄술보다 훨씬 더 가치 있는 발명품이라고 말한다.

Note

기원전 5세기, '역사의 아버지'라고 불렸던 그리스의 역사가 헤로도토스는 돈에 대해 이렇게 말했다. "화폐는 원래 작은 규모의 거래를 위해 발명되었다. 그러나 화폐는 만들어지기 무섭게 곧바로 대규모 상업 거래에 사용되었다. 그로 인해 화폐의 등장과 함께 상업이 급격히 발달했다."

화폐는 어떤 집단이 물건을 구입하거나 노동에 대한 대가를 지불하기 위해 인정한 사회적 도구다. 화폐는 물건을 거래할 때 중간에서 매개체 역할을 하는데, 나라와 시대별로 그 형태와 종류가 매우 다양하다.

그렇다면 역사상 최초로 화폐를 사용한 것은 언제일까? 최초의 화폐에 대해 알아보려면 선사 시대까지 거슬러 올라가야 한다. 선사 시대에는 조개껍데기나(파푸아뉴기니에서는 현재까지도 조개를 화폐로 쓰고 있다) 귀금속, 후추 같은 희귀한 농작물이나 소금 등을 화폐로 사용했다. 또한 밀, 카카오 열매, 나뭇잎, 담배, 짐승의 가죽, 가축 등이 오랫동안 돈처럼 사용되었다. 일부 국가에서는 이러한 화폐들이 19세기 말까지 사용되기도 했다. 특히 중국이나 인도, 아프리카 대륙 등지에서는 소라껍데기가 화폐처럼 쓰이기도 했다.

인류가 금과 은 같은 금속으로 만든 돈을 최초로 사용한 것은 기원전 4,000여 년 전의 일이다. 그리스 아테네에서 최초로 물건을 거래하기 위해 은화를 주고받기 시작했으며, 이는 곧 고대 시민 사회 전체로 퍼져나갔다. 그 뒤 금속 화폐 문화는 로마에 전해졌다.

그런데 왜 금과 은으로 만든 동전이었을까? 우선 금과 은은 희소가치가 있기 때문에 화폐로 사용하기에 적당했다. 구하기 어렵고, 오랫동안 보존되며, 작은 조각으로 쉽게 나눌 수 있는 특성 때문에 화폐로 제작하기에 최적이었던 셈이다. 또한 금속의 무게를 재서 돈의 가치를 계산할 수 있었으므로 일정한 기준에 맞추어 생산할 수 있다는 장점도 있었다. 이러한 장점들 때문에 동전 형태의 화폐는 꽤 오랫동안 통용되었고, 11세기에 들어서야 중국에서 최초의 지폐가 만들어졌다. 인류가 지폐를 만든 가장 큰 이유는 금속의 양이 점점 부족해져 동전을 생산하기 어려운 상황에 이르렀기 때문이었다.

●연관 키워드

은어 | 은행 | 비트코인 | 자본 | 영화 | 위조 | 신용 | 신용 카드 | 크로이소스 | 달러 | 기부 | 전자 화폐 | 유로 | 금융 | 일확천금 | 프로이트 | 이익 | 게임 | 금 | 아르파공 | 유산 | 강도 | 면죄부 | 인플레이션 | 보석 | 제롬 케르비엘 | 존 메이너드 케인스 | 돈세탁 | 복권 | 사랑 | 마피아 | 미다스 | 백만장자 | 화폐 | 돈의 재료 | 돼지 저금통 | 권력 | 행복의 조건 | 몸값 | 월급 | 스크루지 맥덕 | 성 | 은수저 | 스포츠 | 세금 | 보물 | 사이비 종교 | 물질만능주의 | 월 스트리트 | 물물교환 | 위안 | 여피족 | 에밀 졸라

돈의 재료

화폐의 재료로 가장 많이 사용된 재료는 금속이다. 현재 사용되는 동전에도 다양한 금속이 이용되고 있다.

Object

금과 마찬가지로 은 역시 자원의 양이 제한되어 있다. 광산에서 채굴하거나 이미 채굴된 것을 재활용하는 것 외에는 구할 수 있는 방법이 없다. 고대부터 중세까지는 대규모의 광산 채굴 활동이 이루어졌고 은의 생산량이 늘어나 거래 역시 활발해졌다. 은 채굴 기술은 이탈리아, 독일 등지에서 거대 은광이 발견되면서 급격히 발전했다. 그 뒤 중앙 유럽 보헤미아 지역의 쿠트나호라에서 사상 최대 규모의 은광이 발견되면서, 은 채굴 기술은 화려한 전성기를 맞게 되었다.

1290년은 수많은 독일인들의 가슴속이 '은화에 대한 사랑'으로 가득했던 시기였다. 독일 이곳저곳에서 은의 채굴량이 늘어나기 시작했기 때문이다. 독일인들은 은광 마을에 왕의 도시라는 이름을 붙일 정도로 은에 열광했다. 피렌체, 제노바, 베니스 등의 상업 도시에서는 은화가 금화와 경쟁 관계에 놓일 정도로 널리 사용되었다. 하지만 곧 은화보다 주조가 쉬운 구리 동전이 은화의 자리를 대신 꿰차게 되었다.

오늘날 세계에서 사용되는 돈은 구리나 합금(알루미늄, 주석, 니켈 등)으로 만들어진다. 유로화가 처음 나올 당시에는 역사상 최대 규모로 많은 화폐가 주조되었는데, 이때 520억 개 이상의 동전이 만들어졌다. 유로 동전 또한 구리와 합금을 재료로 만든 것이었다.

은은 여전히 보석상이나 금은방에서 흔히 찾아볼 수 있다. 펜던트, 목걸이, 팔찌 등 다양한 종류의 장신구는 물론 예술 작품에서 식기, 가재도구에 이르기까지 은은 다양한 곳에 사용되고 있다. 또한 은은 입자 형태로 가공되어 필름이나 인화지 생산 등에도 이용된다. 금메달이 가장 귀중한 메달로 여겨진다는 사실에는 변함이 없지만, 은메달 생산에 들어가는 은의 양만 해도 연간 1,000톤이 넘는다.

● 연관 키워드

은어 | **은행** | 비트코인 | 자본 | 영화 | 위조 | 신용 | 신용 카드 | 크로이소스 | 달러 | 기부 | 전자 화폐 | **유로** | 금융 | 일확천금 | 프로이트 | 이익 | 게임 | **금** | 아르파공 | 유산 | 강도 | 면죄부 | 인플레이션 | 보석 | 제롬 케르비엘 | 존 메이너드 케인스 | 돈세탁 | 복권 | 사랑 | 마피아 | **미다스** | 백만장자 | 화폐 | **돈의 재료** | 돼지 저금통 | 권력 | 행복의 조건 | 몸값 | 월급 | 스크루지 맥덕 | 성 | **은수저** | 스포츠 | 세금 | 보물 | 사이비 종교 | 물질만능주의 | 월 스트리트 | 물물교환 | 위안 | 여피족 | 에밀 졸라

돼지 저금통

왜 저금통은 하나같이 돼지 모양일까? 옛날부터 돼지는 버릴 데
가 없는 동물이었다. 거의 모든 부위를 먹을 수 있었으므로 서양
의 농부들은 돼지를 '다리 달린 저금통'이라고 불러 왔다.

Piggy Bank

돼지 모양의 저금통은 18세기에 최초로 등장했다. 돼지 저금통은 수세기가 지난 지금까지도 언제나 아이들에 큰 사랑을 받고 있다. 만 7세가 되면 아이들은 돼지 저금통에다 동전을 모으기 시작한다. 수를 셀 수 있게 되면서 돈의 가치를 조금씩 인식하는 것이다. 그래서 이 또래 아이들이 부모가 준 용돈을 돼지 저금통에 넣는 것은 굉장히 자연스러운 일이다.

돼지 저금통은 아이들에게 돈을 절약하는 방법을 가르치기 위해 만들어졌다. 저금통을 이용하면 돈을 잃어버리거나 써 버리지 않고 차곡차곡 모아 목돈으로 만드는 법을 배울 수 있다.

돈을 모으는 법을 제대로 가르치기 위해 저금통은 모두 비슷한 모양으로 제작된다. 돼지 저금통을 비롯한 모든 저금통에는 동전을 넣을 수 있는 작은 틈이 있다. 또 이미 넣은 돈을 쉽게 꺼낼 수 없게 사방이 막혀 있다. 돈을 꺼내려면 저금통 밑바닥에 숨겨진 뚜껑을 열거나 저금통을 깨뜨려야 한다.

저금통에는 용돈의 일부를 넣어 저금한다. 아이들이 저금을 하는 이유는 대개 갖고 싶은 물건을 사기 위해서다. 아이들은 저금통이 꽉 차면 동전을 모두 꺼내 지폐로 바꾼 뒤에 자신이 원하던 물건을 산다. 이 같은 저축의 과정은 인류의 오랜 경제 교육 방식이며, 이 과정을 통해 용돈을 균형 있게 쓰는 훈련을 시킬 수 있다.

특히 아이들은 돈을 써야 할 때와 참아야 할 때를 잘 구분하지 못한다. 그런데 저금통은 필요한 곳에 돈을 사용할 수 있게 하는 교육 효과가 크다. 물론 저금통에 돈을 모아도, 아이들이 원하는 물건을 부모가 사지 못하게 하는 경우도 발생한다. 너무 위험한 장난감이나, 불량 식품처럼 질이 좋지 않은 상품이 그러한 경우다. 그러나 이때도 반드시 배우는 점이 있다. 돈이 있다고 해서 무엇이든 사도 좋은 것이 아니라는 경험을 갖게 되는 것이다. 이처럼 아이들은 저금통을 통해 돈에 대한 개념을 익히고 물건들의 가치에 대해 배운다.

● **연관 키워드**

은어 | **은행** | 비트코인 | 자본 | 영화 | 위조 | 신용 | 신용 카드 | 크로이소스 | 달러 | 기부 | 전자 화폐 | 유로 | 금융 | 일확천금 | 프로이트 | **이익** | 게임 | 금 | 아르파공 | 유산 | 강도 | 면죄부 | 인플레이션 | 보석 | 제롬 케르비엘 | 존 메이너드 케인스 | 돈세탁 | 복권 | 사랑 | 마피아 | 미다스 | 백만장자 | 화폐 | 돈의 재료 | **돼지 저금통** | 권력 | 행복의 조건 | 몸값 | 월급 | 스크루지 맥덕 | 성 | 은수저 | 스포츠 | 세금 | **보물** | 사이비 종교 | 물질만능주의 | 월 스트리트 | 물물교환 | 위안 | 여피족 | 에밀 졸라

권력

Power

권력, 그것은 돈이다. 정말 그럴까? 지난 역사를 돌이켜 보면 이 문제에 대해 고민했던 사람들의 글을 어렵지 않게 만날 수 있다.

Power

역사상 돈과 권력 간의 관계를 가장 잘 설명한 사람은 그리스의 철학자 플라톤(기원전 428~347)이다. 플라톤은 그의 저서 《국가론》에서 '인간은 돈을 한 국가의 핵심 가치로 삼을 수 있으며, 이 경우 국가를 통치하게 되는 것은 많은 돈을 가진 부자들'이라고 이야기했다. 돈이 개인에게 권력을 줄 수 있을 뿐 아니라 국가마저 통치할 수 있게 해 준다는 것이다.

안타깝게도 현대 사회에서 한 국가를 좌우할 힘을 가진 사람은 훌륭하다거나 정의롭다거나 공정한 사람이 아니라 가장 돈이 많은 사람, 즉 재벌들이다.

물론 돈이 많은 사람이 권력을 가졌던 것은 물물 교환이 주된 경제 활동이었던 시대에도 존재하던 일이었다. 그런데 문제는 화폐가 발명되면서부터 돈을 많이 가진 사람의 힘이 걷잡을 수 없이 커지기 시작했다는 것이다. 현대에는 화폐 제도가 점점 정교해지고 상업 활동이 활발해지면서 돈의 힘은 곧 정치적 권력이 되었다.

돈의 본질은 구매력, 즉 사고 싶은 물건을 살 수 있는 능력이다. 원하는 것을 마음껏 살 수 있는 힘만큼 강력한 권력이 또 있을까? 그래서인지 인간 사회에서 권력은 늘 돈을 만들어 내고 돈을 조종할 수 있는 사람들의 손에 있었다. 돈의 역사는 사실 돈의 통제권을 쥐기 위해 싸워야 했던 거상, 은행가, 귀족, 왕, 사제들 간의 투쟁의 역사라고 해도 과언이 아니다.

하늘 아래 새로운 것은 없다고 했던가? 이 같은 돈의 역사는 지금까지도 계속되고 있다. 기축통화의 자리를 놓고 벌어지고 있는 서양 국가들과 중국 간의 '화폐 전쟁'이 그 대표적인 예다.

화폐 전쟁에서 이기는 편이 다가오는 미래의 경제적, 정치적 패권을 손에 넣을 것이라고 예측하는 학자들이 많다.

행복의 조건

돈이 많다고 해서 반드시 행복한 것은 아니라고 한다. 그렇다면 인간은 돈 없이도 행복해질 수 있을까?

"행복은 돈으로 살 수 있는 것이 아니다."라는 말에 프랑스의 소설가 쥘 르나르(Jules Renard)는 이렇게 받아쳤다. "일단 돈을 줘 봐!"

또 다른 프랑스 소설가 알렉상드르 비알라트(Alexandre Vialatte)는 "행복은 돈으로 살 수 있는 것이 아니다."라는 말에 "특히 돈이 없을 때는 더 그렇다!"라는 문장을 덧붙이기도 했다. 이렇듯 많은 사람들에게 돈이란 매력적인 물건이며 많으면 많을수록 좋은 물건이다.

행복의 기준은 사람마다 달라서 '행복하다'는 말이 가지는 의미는 사람마다 다를 수 있다. 사람들의 얼굴이 다양한 것처럼 말이다. 그러나 '잘 산다'는 말은 사람들 모두가 돈과 연관지어 생각한다. 인간은 삶에서 가장 기초적인 요소인 의식주를 해결하기 위해 아등바등 살아간다. 하지만 아등바등 살면서 '행복하게 잘살기'란 좀처럼 쉽지 않다.

인간이 행복해지려면 기본적으로 의식주가 해결되어야만 한다. 그런데 의식주를 해결하기 위해서는 최소한의 돈이 꼭 필요하다. 밥을 먹고, 집세를 내고, 추울 때 몸을 덥혀 줄 옷을 사는 데는 반드시 돈이 든다. 만약 이것들 중에 한 가지라도 부족하면 인간은 생존마저 위협받게 된다. 결국 돈은 인간이 행복해지기 위한 가장 최소한의 조건이라고 할 수 있다.

하지만 오늘날처럼 넓은 아파트와 좋은 자동차, 명품 옷, 최신 휴대 전화 등의 수많은 요소가 성공의 징표로 여겨지는 세상에서는 최소한의 돈만 가지고 행복해지기란 상당히 어렵다. 현대 사회의 행복은 자본주의 경제 시스템과 소비 사회가 낳은 신화이자 신기루다. 폭격처럼 쏟아지는 광고를 통해 인간의 욕망을 부추기는 사회, 그 사회가 낳은 기형적인 결과물이 바로 현대 사회의 행복인 것이다.

그렇다면 더 많은 돈을 벌지 않는 이상 우리는 행복해질 수 없는 걸까? 영국의 소설가 오스카 와일드(Oscar Wilde)는 이렇게 말했다. "삶에는 두 가지 비극이 있다. 첫 번째 비극은 내가 원하는 것을 갖지 못하는 것이고, 두 번째 비극은 내가 원하는 것을 가지는 것이다." 오스카 와일드의 말처럼 돈이 없어서 내가 원하는 것을 갖지 못하면 삶은 영원히 불만족스러울 수밖에 없다. 그런데 두 번째 비극이 좀 의아하다. 내가 원하는 것을 가졌는데 왜 비극이 찾아올까?

원하는 것을 가지게 되면 그 순간 더 많은 것을 갖고 싶어지는 것이 인간의 욕심이다. 내가 원하는 것만을 쫓아가다 보면 언제나 더 많은 것을 원하는 데 익숙해져 버리기 마련이다. 이처럼 욕심을 버리지 못하면 아무리 많은 돈을 가져도 영원한 불만족 속에서 살 수밖에 없다.

심리학자들이 연구를 통해 밝혀낸 사실이 하나 있다. 생활 수준이 어느 선에 도달하면 더 돈이 많아진다고 행복해지지는 않는다는 것이다. 그렇다면 행복한 삶을 위해 정말 필요한 것은 무엇일까? 더 많은 돈일까, 아니면 사용할 만큼의 돈일까?

● 연관 키워드

은어 | 은행 | 비트코인 | 자본 | **영화** | 위조 | 신용 | 신용 카드 | 크로이소스 | 달러 | 기부 | 전자 화폐 | 유로 | 금융 | **일확천금** | 프로이트 | 이익 | 게임 | 금 | **아르파공** | 유산 | 강도 | 면죄부 | 인플레이션 | 보석 | 제롬 케르비엘 | 존 메이너드 케인스 | 돈세탁 | 복권 | **사랑** | 마피아 | 미다스 | 백만장자 | 화폐 | 돈의 재료 | 돼지 저금통 | 권력 | **행복의 조건** | 몸값 | 월급 | 스크루지 맥덕 | 성 | 은수저 | 스포츠 | 세금 | 보물 | 사이비 종교 | **물질만능주의** | 월 스트리트 | 물물교환 | 위안 | 여피족 | 에밀 졸라

몸값

인류 역사상 최초로 인질을 붙잡고 몸값을 요구한 사건이 언제였는지는 아무도 모른다. 하지만 몸값을 요구하는 범죄가 아주 오랜 옛날부터 존재해 왔고 현재까지도 벌어지고 있다는 것은 틀림없는 사실이다.

Ransom

최근에도 사람이나 집단을 납치하여 몸값을 요구하는 범죄가 종종 일어나고 있다. 납치범들의 주된 목적은 인질을 풀어 주는 대신에 그 대가로 거액의 돈을 받는 것이다. 인질의 가족과 경찰의 피 말리는 노력 끝에 인질을 구출하는 경우도 있지만 불행하게도 인질이 살해되는 경우도 있다. 체포될지도 모른다는 두려움에 사로잡힌 납치범들이 눈앞에 있는 인질을 걸림돌이라고 판단하는 순간 처참한 비극이 벌어지게 되는 것이다. 하지만 몸값을 치르고 인질을 구출해 내는 경우가 대다수다.

그런데 납치범들이 몸값을 요구하는 방식이나 납치범의 성격, 인질극 현장의 상황에 따라 경찰은 몸값을 지불하지 않는 모험을 감행하기도 한다. 사람들이 일반적으로 생각하는 것과는 달리 몸값을 주지 않고도 납치된 인질들을 구출할 수 있는 경우가 많기 때문이다.

납치라면 해적을 빼놓고 이야기할 수 없다. 인류 역사 속에서 해적들은 수많은 납치 사건을 일으켰고 그렇게 벌어들인 몸값을 주된 수입원으로 삼았다. 로마 시대의 카이사르는 20대 청년 시절에 파르마쿠스 섬 근처에서 에게 해를 떠도는 해적들에게 납치된 적이 있었다. 카이사르는 거액의 돈을 지불한 뒤에야 38일만에 자유를 찾을 수 있었다. 오늘날에도 해적들은 존재한다. 이들은 아프리카(나이지리아, 소말리아)와 동남아시아 등지에서 활발하게 활동하고 있으며, 많은 나라들이 망망대해 한복판에서 해적에게 납치된 자국민을 구출해 내기 위해 막대한 몸값을 지불하고 있다.

납치범들은 최대한 많은 돈을 뜯어내기 위해 돈 많은 부유층이나 사회적 지위가 높은 사람을 노리는 경우가 많다. 1250년에는 프랑스의 왕인 루이 9세가 제7차 십자군 원정길에 올랐다가 이집트에서 납치를 당했다. 루이 9세는 결국 40만 파운드에 달하는 몸값을 이집트의 통치자 투란샤 술탄에게 지불하고서야 풀려날 수 있었다.

●연관 키워드

은어 | 은행 | 비트코인 | 자본 | 영화 | 위조 | 신용 | 신용 카드 | 크로이소스 | 달러 | 기부 | 전자 화폐 | 유로 | 금융 | 일확천금 | 프로이트 | 이익 | 게임 | 금 | 아르파공 | 유산 | **강도** | 면죄부 | 인플레이션 | 보석 | 제롬 케르비엘 | 존 메이너드 케인스 | **돈세탁** | 복권 | 사랑 | **마피아** | 미다스 | 백만장자 | 화폐 | 돈의 재료 | 돼지 저금통 | 권력 | 행복의 조건 | **몸값** | 월급 | 스크루지 맥덕 | 성 | 은수저 | 스포츠 | 세금 | 보물 | 사이비 종교 | 물질만능주의 | 월 스트리트 | 물물교환 | 위안 | 여피족 | 에밀 졸라

월급

"연봉이 얼마나 되지?" "한 달 월급이 얼마야?" 회사원들의 대화에서 가장 자주 등장하는 주제는 바로 월급이다.

Salary

새로운 직원을 뽑기 위해 면접을 볼 때 반드시 등장하는 질문이 있다. 바로 월급에 대한 질문이다. 면접뿐만이 아니다. 신문이나 인터넷에서 함께 일할 사람을 찾는 구인 광고를 본 적이 있는가? 구인 광고에도 하나 같이 회사에 대한 자세한 설명과 월급의 액수가 등장한다.

그렇다면 월급은 어떤 기준으로 책정되는 것일까? 많은 기업들이 급여 기준표를 만들고, 그에 따라 월급을 책정한다. 급여 기준표는 회사마다 제각기 다른 기준으로 작성된다. 회사 안의 직위에 따라 월급을 다르게 책정할 수도 있고, 회사에 다닌 기간에 따라 월급을 주기도 한다. 또 직원이 얼마나 회사에 기여했는지를 따져 월급을 각각 다르게 지급하기도 하는데, 여기서 기여라 함은 직원이 회사에 얼마나 많은 돈을 벌어다 주었는가를 의미한다.

은행에서 일하는 청소부에게는 최저 임금(근로자가 받을 수 있는 최소한의 임금)만을 주고 증권 거래인에게는 1,000만 원에 달하는 월급을 주는 이유는 바로 여기에 있다. 심지어 증권 거래인들은 월급에 더해 증권 매매를 통해 그 자신이 벌어들인 수익에 따라 주는 상여금까지 받는다. 회사 입장에서 보았을 때 증권 시장에서 돈을 벌어들이는 것이 은행 건물을 청소하는 것보다 훨씬 큰 이익을 가져다주기 때문에 벌어지는 일이다.

하지만 월급은 그 외에도 여러 가지 기준에 따라 달라진다. 예를 들어 일주일에 35시간 일하는 직원이 50시간 일하는 직원보다 더 많은 월급을 받는 것은 당연할 것이다. 이렇게 근무 시간은 물론 학력, 경력 등의 갖가지 조건에 따라 월급의 액수가 달라질 수 있다.

● 연관 키워드

은어 | 은행 | 비트코인 | 자본 | 영화 | 위조 | 신용 | 신용 카드 | 크로이소스 | 달러 | 기부 | 전자 화폐 | 유로 | 금융 | 일확천금 | 프로이트 | **이익** | 게임 | 금 | 아르파공 | 유산 | 강도 | 면죄부 | 인플레이션 | 보석 | **제롬 케르비엘** | 존 메이너드 케인스 | 돈세탁 | 복권 | 사랑 | 마피아 | 미다스 | 백만장자 | 화폐 | 돈의 재료 | 돼지 저금통 | 권력 | 행복의 조건 | 몸값 | **월급** | 스크루지 맥덕 | 성 | 은수저 | 스포츠 | 세금 | 보물 | 사이비 종교 | 물질만능주의 | 월 스트리트 | 물물교환 | 위안 | **여피족** | 에밀 졸라

스크루지 맥덕

스크루지 맥덕은 미국에서 가장 유명한 부자로 손꼽힌다. 심지어 빌게이츠나 도널드 트럼프 같은 세계 최고의 부자들보다도 더 유명한 인물이다.

Scrooge McDuck

스크루지 맥덕은 1947년 월트 디즈니 스튜디오에서 태어났다. 스크루지는 디즈니 만화의 대표적인 캐릭터인 도널드 덕의 삼촌으로 세계에서 제일가는 부자 오리다. 본래 스크루지는 도널드 덕의 옆에 있는 주변 캐릭터에 지나지 않았다. 하지만 끝없는 노력과 행운, 근검절약 등으로 쌓아올린 엄청난 재산 덕분에 점차 인기를 얻기 시작했다.

스크루지 맥덕은 아주 어린 나이부터 일을 시작해 다양한 직업을 거쳤다. 구두닦이는 물론이고, 목재 판매상, 카우보이, 심지어는 아프리카와 오스트레일리아의 금광에서 광부로 일하기까지 했다. 태생적으로 모험가 기질을 타고난 스크루지는 캐나다 클론다이크에 있는 거대 계곡에서 거위 알만 한 황금 덩어리를 발견했다. '클론다이크의 왕'이라는 별명을 얻게 된 스크루지는 막대한 자산을 모을 수 있었고 현재는 엄청난 양의 금화를 금고에 쌓아 둔 채 살고 있다. 스크루지의 금고에는 달러를 의미하는 기호($)가 큼지막하게 달려 있는 것으로 유명하다.

스크루지의 금고에 산더미처럼 쌓여 있는 돈 중에는 '행운의 동전'이라는 특별한 동전이 하나 있다. 행운의 동전은 스크루지가 구두닦이로 일하던 시절 처음으로 번 돈이다. 성공의 상징이

된 '행운의 동전'은 만화 속 캐릭터들에게는 선망의 대상이다.
특히 마녀 매지카 드 스펠은 행운의 동전을 손에 넣으면 자신도
부자가 될 거라고 굳게 믿고 호시탐탐 빼앗을 기회만을 노리고
있다.

비글 형제

현실에서와 마찬가지로 만화 속 스크루지의 세계에도 나쁜 도둑들이 있다. 바로 빅타임 비글, 바운서 비글, 버거 비글, 배기 비글이라는 네 명의 형제가 뭉친 '비글 형제'이다. 비글 형제는 호시탐탐 스크루지의 돈을 훔칠 기회만을 노린다. 비글 형제는 스크루지의 금고에 들어가기 위해 온갖 노력을 다하지만 매번 실패한다. 비글 형제는 도둑질에 성공하기 위해 때때로 다른 악당들과 동맹을 맺는다. 특히 스크루지의 라이벌인 또 다른 억만장자 플린트하트 글럼골드와 손을 잡는 일이 많다. 하지만 아무리 다른 악당들과 손을 잡고 애를 써 봐도 번번이 금고 침입에 실패해 감옥에 갇힌다.

● 연관 키워드

은어 | 은행 | 비트코인 | 자본 | 영화 | 위조 | 신용 | 신용 카드 | 크로이소스 | **달러** | 기부 | 전자 화폐 | 유로 | 금융 | 일확천금 | 프로이트 | 이익 | 게임 | **금** | **아르파공** | 유산 | 강도 | 면죄부 | 인플레이션 | 보석 | 제롬 케르비엘 | 존 메이너드 케인스 | 돈세탁 | 복권 | 사랑 | 마피아 | 미다스 | **백만장자** | 화폐 | 돈의 재료 | 돼지 저금통 | 권력 | 행복의 조건 | 몸값 | 월급 | **스크루지 맥덕** | 성 | 은수저 | 스포츠 | 세금 | 보물 | 사이비 종교 | **물질만능주의** | 월 스트리트 | 물물교환 | 위안 | 여피족 | 에밀 졸라

성
Sex

돈을 대가로 받고 몸을 파는 것을 의미하는 '성매매'는 기원전 5천
년경부터 존재했다. 다시 말해서 인류가 최초로 전쟁을 벌였던 때부
터 성매매가 존재했다는 이야기다.

Sex

성매매는 시장 규모가 큰 산업 중 하나다. 2010년을 기준으로 세계 성매매 시장은 110조 원을 넘어섰다. 사람을 사고파는 성매매 산업은 20세기 후반부터 크게 발달하기 시작했다. 경제 발전과 함께 여가를 즐길 여유가 생기고 해외 여행객이 늘어나면서 이른바 '매춘 관광'이 급속도로 늘었기 때문이었다. 마피아나 조직 폭력단 등의 범죄 조직이 운영하는 성매매 산업은 여성이나 아동과 같은 사회적 약자가 매매 대상이 되는 경우가 많다. 그러나 남성 또한 매매 대상이 되지 않는 것은 아니다.

성매매가 법적으로 합법인지 불법인지는 각 나라의 정책에 따라 다르다. 하지만 다음과 같이 크게 세 가지 종류의 국가로 나눌 수 있다.

- 합법 : 성매매는 개인의 자유로운 판단에 의한 주체적인 노동이기 때문에 합법이다(독일, 네덜란드 등).
- 조건적 불법 : 성매매는 인간의 존엄성을 침해하는 활동이지만 성매매를 하는 사람을 처벌하지는 않는다. 성매매 자체는 자기 몸에 대한 개인의 결정으로 보아 허용되지만 성매매 활동을 조직하고 관리하는 성매매 알선은 불법이다(프랑스 등).

- 불법 : 성매매 행위와 알선 모두 불법으로 간주한다. 공식적으로 성매매를 금지한다(미국, 중국, 한국 등).

물론 돈을 벌기 위해 자발적으로 성매매를 하는 경우도 있다. 하지만 대개는 성매매에서 벗어나고 싶어도 벗어나지 못하는 경우가 많다. 성매매를 알선하는 범죄 조직은 피해자들의 신분증을 빼앗고 폭력으로 위협한다. 심지어 마약에 중독시켜서 피해자들을 속박하기도 한다. 성매매 여성들은 인신매매의 대상이 되기도 한다. 이 여성들은 나이지리아, 콩고, 중국, 알바니아, 우크라이나 등지에서 매춘 산업이 발달한 태국, 일본, 네덜란드, 독일, 프랑스, 이탈리아, 미국 등으로 보내진다.

은수저
Silver spoon

일정 수준 이상의 부를 누리고 사는 사람을 보게 되면 우리는 "그
래 맞아, 저 사람은 은수저를 물고 태어났어!"라고 말한다.

Silver spoon

유복한 집안에서 태어나 경제적, 물질적으로 어렵지 않게 살아온 사람에게 '은수저를 물고 태어났다'는 표현을 사용한다. 그런데 왜 하필 수저, 그것도 은수저를 입에 물었다는 표현을 쓸까? 이 표현의 유래에 대해서는 두 가지 설이 존재한다.

스페인의 소설가인 미구엘 드 세르반테스의 《돈키호테》에는 "그는 입에 은 숟가락을 물고 태어난 자였다."라는 구절이 나온다. 돈키호테가 발표되었던 1712년 당시 스페인에서는 나무를 깎아 숟가락을 만들었다. 하지만 부유한 집안에서는 구하기 힘든 은으로 숟가락을 만들어 사용했는데 세르반테스가 당시의 문화를 소설 속에 반영한 것이다. 이렇게 소설 《돈키호테》 속의 인상적인 문구 때문에 오늘날까지 사람들의 입에 은수저를 물고 태어났다는 말이 오르내리게 되었다는 것이 첫 번째 설이다.

두 번째 설은 종교적 의식에서 나왔다. 천주교에서는 어린아이에게 유아 세례라는 의식을 행한다. 이때 아이 입에 작은 숟가락을 물려 주는 전통이 있다. 이 의식에는 아이가 축복받은 집안에서 태어났다는 것을 보여 주는 동시에 앞으로 살아가는 동안 금전적인 어려움을 겪지 않게 해 달라는 기원이 담겨있다. 그래서 '은수저를 물고 태어났다'는 말이 나왔다는 설도 꽤 유력한 이야기다.

그런데 은이라는 금속 자체의 특성 때문에 등장했다는 주장도 있다. 고대의 현자들은 은에 여러 가지 병을 치료하는 효능이 있다고 생각했다(실제로 은에는 살균 효과가 있다). 당시 현자들은 병의 원인이 미생물, 바이러스, 박테리아, 기생충 때문이라는 것을 알지 못했는데도 은을 치료약으로 사용했다.

은 중독

물에 은을 넣어서 살균을 한다거나 콜로이드 은제제(Colloidal silver, 은을 넣어 만든 천연 항생제)를 발명하는 등 은을 사용한 치료법은 인류와 함께해 왔다. 지금도 앞서 말한 치료법들을 사용하는 경우가 있기는 하지만 극히 드물다. 1930년대에 항생제가 발명된 뒤로 사실상 은을 치료제로 사용하는 경우는 거의 없다. 더구나 은이 몸에 좋기만 한 것은 아니다. 가루 형태의 은을 지나치게 많이 먹으면 목숨이 위험할 수 있으며 은 중독과 같은 심각한 질병으로 이어질 수 있다. 또 은에 중독되면 피부가 검푸른 색으로 바뀐다.

● 연관 키워드

은어 | 은행 | 비트코인 | 자본 | 영화 | 위조 | 신용 | 신용 카드 | 크로이소스 | 달러 | 기부 | 전자 화폐 | 유로 | 금융 | 일확천금 | 프로이트 | 이익 | 게임 | **금** | 아르파공 | 유산 | 강도 | 면죄부 | 인플레이션 | **보석** | 제롬 케르비엘 | 존 메이너드 케인스 | 돈세탁 | 복권 | 사랑 | 마피아 | 미다스 | 백만장자 | 화폐 | **돈의 재료** | 돼지 저금통 | 권력 | 행복의 조건 | 몸값 | 월급 | 스크루지 맥덕 | 성 | **은수저** | 스포츠 | 세금 | 보물 | 사이비 종교 | 물질만능주의 | 월 스트리트 | 물물교환 | 위안 | 여피족 | 에밀 졸라

스포츠

Sports

2010년 남아공 월드컵 당시 프랑스의 한 정치인은 이렇게 말했다. "나는 월드컵에는 관심이 없다. 축구는 한마디로 말해 수백만 명의 가난한 자들 앞에서 스물 두 명의 억만장자들이 뛰노는 것일 뿐이다." 다소 충격적이지만 이보다 현실을 잘 드러내는 말이 있을까?

Sports

소위 '대중 스포츠'라고 일컫는 축구, 사이클, 농구, 테니스, 복싱, 야구 등에서 돈이 오가기 시작한 것은 20세기 후반부터의 일이다. 오늘날 전문 스포츠는 발전을 거듭해 막대한 수익을 창출해 내는 분야로 자리매김했다. 스포츠 스타를 배출하고, 구단을 증시에 상장하는 등 다양한 분야로의 진출을 통해 스포츠는 현대 자본주의 경제에서 빼놓을 수 없는 거대 산업으로 성장했다.

그러나 모순적이게도 최근 경기장이나 체육관을 직접 찾는 관객의 수는 꾸준히 줄어드는 추세다. 그 대신 텔레비전을 통해 대규모 스포츠 축제를 지켜보는 시청자의 수는 끊임없이 늘고 있다. 운동 경기를 주최하는 스포츠 협회들과 구단 및 기업들이 방송국에 경기 중계권을 판매해 막대한 돈을 벌어들이고 있는 것도 다 이러한 이유 때문이다(2009년 기준 세계 축구 경기에서 발생한 수익 중 절반 이상은 중계권 판매를 통해 생겨난 것이다). 방송국은 경기 중계권을 사 와서 수백만 명의 시청자들에게 운동 경기를 방영한다. 그러면서 경기 중에 여러 회사의 상품 광고를 내보낸다. 즉, 기업들에게 광고비를 받아 큰 수익을 창출하는 것이다. 그래서 방송국은 거금을 들여 경기 중계권을 사기 위해 애쓴다.

스포츠 세계에서 중요한 또 하나의 자금줄은 바로 광고주다.

대기업들은 자신들의 상품이나 회사를 광고하기 위해 스포츠를 이용한다. 스포츠 경기나 스포츠 선수들의 건강한 이미지를 활용해 자신들의 회사에 대한 긍정적인 이미지를 퍼뜨리려고 하는 것이다. 실제로 텔레비전이나 잡지 광고에서는 햄버거를 먹는 축구 선수나 특정 회사의 최신 휴대 전화를 사용하는 운동선수의 모습을 어렵지 않게 만날 수 있다.

돈과 스포츠

현대에 들어서 스포츠가 급격히 상업화되기는 했지만, 사실 돈과 스포츠는 옛날부터 늘 공존해 왔다. 고대 그리스 시대에도 올림픽 경기가 열렸는데, 올림픽의 승자는 본인의 출신 도시로부터 평생을 놀고먹을 만한 거액을 상금으로 받았다. 로마 시대에는 전차 경주가 유행했는데, 전차 경주에서 우승한 사람은 수천 명의 관객들이 낸 입장료의 일부를 상금으로 받았다. 중세에는 토너먼트라고 하는 격투 경기의 인기가 아주 높았으며, 선수들의 승부욕을 불타오르게 하는 가장 큰 동기는 역시 막대한 상금이었다.

● 연관 키워드

은어 | 은행 | 비트코인 | **자본** | 영화 | 위조 | 신용 | 신용 카드 | 크로이소스 | 달러 | 기부 | 전자 화폐 | 유로 | 금융 | **일확천금** | 프로이트 | 이익 | **게임** | 금 | 아르파공 | 유산 | 강도 | 면죄부 | 인플레이션 | 보석 | 제롬 케르비엘 | 존 메이너드 케인스 | 돈세탁 | 복권 | 사랑 | 마피아 | 미다스 | 백만장자 | 화폐 | 돈의 재료 | 돼지 저금통 | 권력 | 행복의 조건 | 몸값 | 월급 | 스크루지 맥덕 | 성 | 은수저 | **스포츠** | 세금 | 보물 | 사이비 종교 | 물질만능주의 | 월 스트리트 | 물물교환 | 위안 | 여피족 | 에밀 졸라

세금

드디어 사람들을 예민하게 만드는 주제가 나왔다. 선거 때마다 후보자들이 침을 튀겨가며 논쟁을 벌이는 주제! 바로 세금이다.

제 월급을 생각하면 세금은 딱 이 정도가 적당해요.

Tax

세금이란 한 나라의 정부가 그 나라에 살고 있는 사람들의 재산(월급, 부동산, 동산 등)을 바탕으로 거두어들이는 돈을 말한다. 정부는 이 세금으로 도로를 만들거나 병원과 학교를 짓는 등 국민들에게 공공 서비스를 제공한다. 세금은 세월의 흐름에 따라 다양한 형태로 그 모습이 변해 왔다. 그러나 세금 자체의 본질은 오늘날에도 여전히 변하지 않았다.

세금은 인류의 역사만큼이나 긴 역사를 가지고 있다. 먼 옛날, 수렵 및 채집 생활을 하던 인간은 농사를 짓게 되면서 한곳에 정착하여 살게 된다. 사람들이 한곳에 모여 살기 시작하면서부터 인류는 세금이란 개념을 만들어냈다. 대표적인 예로 고대 그리스에서는 부유한 시민들이 내는 리터지(Liturgy)라는 세금이 따로 있었다. 리터지는 공공 서비스를 운영하는 데 쓰였다.

중세 유럽에는 몸으로 일해서 내는 세금인 부역, 가족 구성원의 수만큼 내는 인두세 등이 있었다. 재미있는 점은 당시에는 소금에도 세금을 매겼다는 것이다. 이를 염세(鹽稅)라고 하는데 일종의 간접세다. 간접세란 포도주, 소금 등의 식료품이나 옷이나 천 같은 특정 상품에 세금을 매겨 최대한 많은 사람에게 거두어들이는 세금을 말한다. 17세기와 18세기의 유럽에는 시민의 신분을 22개의 등급으로 나누어 세금을 징수하는 제도가 존재했다. 오늘날에는 세금의 종류가 무척 다양해졌다. 현대인들은 소득세, 주민세, 토지세, 부가가치세 등 여러 종류의 세금을 납부하며 살고 있다. 그중 부가가치세는 1954년 프랑스에서 처음 고안된 것으로 현재는 많은 나라들이 이 제도를 따르고 있다. 부가가치세란 쉽게 말해서 소비에 대한 세금이다. 상품이나 서비스를 이용하고 소비자가 지불하는 돈에는 전부 부가가치세가 포함되어 있다.

세무 조사

한국에서는 세금 관련 업무를 총괄하는 기관인 국세청이 개인이나 기업을 대상으로 세무 조사를 끊임없이 시행하고 있다. 세무 조사는 납세자가 지난해 소득 총액을 잘 신고했는지, 불법적인 탈세 행위는 없었는지 확인하는 일이다. 탈세란 납세자가 소득을 정직하게 신고하지 않고 일부만 신고해 세금을 적게 내거나 아예 내지 않는 행위를 말한다. 한국의 탈세 규모는 연간 약 20조 원이 넘는다.

● 연관 키워드

은어 | 은행 | 비트코인 | 자본 | 영화 | 위조 | 신용 | 신용 카드 | 크로이소스 | 달러 | 기부 | 전자 화폐 | 유로 | 금융 | 일확천금 | 프로이트 | 이익 | 게임 | 금 | 아르파공 | 유산 | 강도 | 면죄부 | 인플레이션 | 보석 | 제롬 케르비엘 | 존 메이너드 케인스 | 돈세탁 | 복권 | 사랑 | 마피아 | 미다스 | 백만장자 | 화폐 | 돈의 재료 | 돼지 저금통 | 권력 | 행복의 조건 | 몸값 | 월급 | 스크루지 맥덕 | 성 | 은수저 | 스포츠 | 세금 | 보물 | 사이비 종교 | 물질만능주의 | 월 스트리트 | 물물교환 | 위안 | 여피족 | 에밀 졸라

보물

남녀노소 할 것 없이 누구나 듣는 순간 황홀경에 빠지는 말이 있다.
바로 '보물'이다.

Treasure

보물이라고 하면 '보물 탐험'이라는 말이 가장 먼저 떠오른다. 소설가 로버트 루이 스티븐슨의 책 《보물섬》에서 나오는 바로 그 보물 탐험 말이다. 어린아이들은 보물이 가진 신비롭고 놀라운 이미지에 특히 열광한다. 보물은 언제나 아무도 모르는 곳에 숨겨져 있어서 보물을 찾기 위해서는 늘 탐험을 떠나야 한다. 행운의 여신이 미소 지어 준다면 우연히 보물을 발견할 수도 있겠지만 보물을 찾는다는 것은 실제로 일어나기 힘든 일이다.

서양의 경우 아이들이 인생에서 첫 보물을 만나는 순간은 바로 부활절이다. 부활절 다음 날, 집 안 곳곳에 숨겨진 화려한 포장의 달걀 모양 초콜릿을 찾는 풍습이 있기 때문이다. 그러나 초콜릿 맛이 아무리 좋다 한들 진짜 금은보화에 비길 수 있을까? 진짜 금은보화를 손에 넣고 싶어서 보물을 찾는 데 온 인생을 쏟아 붓는 사람들도 있었다.

인류의 첫 보물 탐험은 15~16세기 무렵 시작되었다. 이 시기는 지리학이 급속도로 발달했던 때로 아메리카 대륙과 아시아, 아프리카를 탐험하기 위해 수많은 탐험대가 여행길에 올랐다. 탐험의 시대는 식민지 체제를 만들며 수 세기에 걸쳐 이어졌다. 잉카 제국의 금목걸이나(전설에 의하면 이 목걸이를 옮기는 데만도 200명 이상의 사람이 필요하다) 칭기즈 칸 무덤에 숨겨진 보물에 대한 소문이 돌았고, 사람들은 이역만리에 숨겨진 신비로운 보물을 찾기 위해 끊임없이 탐험대를 조직했다. 이 시기에 수많은 보물들이 발견되었지만 아직까지 발견되지 않은 보물 또한 많다.

현대에 들어서도 보물은 발견되고 있다. 1985년 미국의 한 보물 탐험가가 대박을 터뜨린 사건이 있었다. 플로리다의 먼 바다 깊숙한 곳에서 스페인의 대형 보물선(16~17세기의 범선)을 발견한 것이다. 배 안에는 은 50톤과 함께 금과 에메랄드가 꽉 찬 보물상자가 있었다.

보물찾기 게임

보물찾기 게임은 몰래 감춰 놓은 물건을 찾아내는 과정을 즐기는 놀이다. 소풍이나 야유회에서 흔히 하는 놀이로 어린이뿐만 아니라 어른도 즐길 수 있다. 놀이 방법은 대체로 두 가지가 있는데 첫 번째는 참여자를 두 패로 나눈 뒤 한쪽에서 몰래 숨긴 어떤 물건을 상대편이 찾아내는 방식이다. 두 번째 방식은 상품의 이름이 적힌 쪽지를 아무도 눈치 채지 못하도록 숨겨 두고 이것을 찾아내는 사람에게 해당 상품을 주는 방식이다.

● 연관 키워드

은어 | 은행 | 비트코인 | 자본 | 영화 | 위조 | 신용 | 신용 카드 | 크로이소스 | 달러 | 기부 | 전자 화폐 | 유로 | 금융 | 일확천금 | 프로이트 | 이익 | 게임 | 금 | 아르파공 | 유산 | 강도 | 면죄부 | 인플레이션 | 보석 | 제롬 케르비엘 | 존 메이너드 케인스 | 돈세탁 | 복권 | 사랑 | 마피아 | 미다스 | 백만장자 | 화폐 | 돈의 재료 | 돼지 저금통 | 권력 | 행복의 조건 | 몸값 | 월급 | 스크루지 맥덕 | 성 | 은수저 | 스포츠 | 세금 | 보물 | 사이비 종교 | 물질만능주의 | 월 스트리트 | 물물교환 | 위안 | 여피족 | 에밀 졸라

사이비 종교

신문에 실리는 사이비 종교에 대한 기사들은 성폭력, 학대, 집단 자살 등 범죄 사건과 연루된 경우가 많다. 그중에서도 돈은 사이비 종교의 불법 행위와 밀접하게 관련되어 있다.

Unusual religions

사이비 종교가 무엇인지 정의하기란 쉽지 않다. 하지만 신자들의 자유를 억압하고 신앙으로 정신을 조종해 신자들의 재산을 통제하는 종교 단체를 일컬어 사이비 종교라고 부른다.

20세기 초반에는 사이비 종교가 별로 많지 않았다. 사이비 종교가 급격히 늘어나기 시작한 것은 1980년대부터다. 그 뒤로 동서양을 막론하고 사이비 종교가 점차 발달해 가면서 사회적으로 큰 문제를 일으키게 되었다. 현재도 사이비 종교의 영향력은 계속해서 커지고 있다. 고달픈 현실에 지친 많은 사람들이 지금보다 더 나은 세상이 있을 것이라는 유혹에 끌려 사이비 종교에 빠져든다. 사이비 종교는 사람들의 고충을 잘 알고 그 고민을 역이용한다. 신자들에게 마음의 평안과 충만을 안겨 줄 것처럼 꼬드겨서 신자들의 맹신을 악용하는 것이다.

사이비 종교의 신자들은 재산을 탕진하고 심리적으로도 심각한 불안을 겪는 경우가 많다. 반대로 사이비 종교는 점점 더 부유해져 거대 기업으로 성장하기도 한다. 거대 기업으로 성장한 사이비 종교는 부동산 매입(특히 그들의 '신전'으로 쓰기 위한 건물을 구입한다), 언론 조작, 미래의 신자들을 양성하기 위한 교육 센터 운영 등 다양한 활동을 펼친다.

사이비 종교는 돈을 뜯어내기 위해 신자들에게 정기적으로 돈이나 부동산을 바치게 할 뿐만 아니라 단체에서 만드는 상품(책, 음반, 의류 등)을 구입하도록 강요하는 경우도 있다. 일부 단체는 보건 단체 등의 공익 기관들과 연계하여 국가의 보조금을 타내거나 정치 정당을 만들어 정당 활동을 위한 공공 자금을 얻어 내기도 한다.

● 연관 키워드

은어 | 은행 | 비트코인 | 자본 | 영화 | 위조 | 신용 | 신용 카드 | 크로이소스 | 달러 | 기부 | 전자 화폐 | 유로 | 금융 | 일확천금 | 프로이트 | 이익 | 게임 | 금 | 아르파공 | 유산 | 강도 | **면죄부** | 인플레이션 | 보석 | 제롬 케르비엘 | 존 메이너드 케인스 | **돈세탁** | 복권 | 사랑 | **마피아** | 미다스 | 백만장자 | 화폐 | 돈의 재료 | 돼지 저금통 | **권력** | 행복의 조건 | 몸값 | 월급 | 스크루지 맥덕 | 성 | 은수저 | **스포츠** | 세금 | 보물 | **사이비 종교** | 물질만능주의 | 월 스트리트 | 물물교환 | 위안 | 여피족 | 에밀 졸라

물질만능주의

물질만능주의의 대표적인 예로 사람의 몸을 사고파는 성매매를 들수 있다. 하지만 더 넓게 보면 돈에 대한 욕망만으로 살아가는 사람들 모두가 물질만능주의에 빠져 있다고 말할 수 있다.

Venality

물질만능주의라는 단어가 예전처럼 빈번하게 언급되지는 않는 것 같다. 하지만 돈이 곧 신으로 여겨질 만큼 현대 사회에는 여전히 물질만능주의가 팽배해 있다.

사실 물질만능주의는 인간의 본성에서 비롯된 것이다. 인간에게는 다양한 특성이 있는데, 그중 탐욕은 인간을 물질에 집착하게 만든다. 돈과 부유함에 대한 과도한 집착은 모두 인간의 물질만능주의에서 비롯된 것이다.

오랜 옛날부터 물질만능주의가 잘 드러나는 대표적인 분야에는 성매매나(여성을 상품화하는 산업), 남성 중심적 사회 구조(여성이 자아를 실현하기 위해서는 부유한 남성과 결혼하는 것밖에 방법이 없었다) 등 주로 사회적 약자인 여성과 관련된 경우가 많았다. 물질에는 언제나 권력이 뒤따라 왔고 권력은 언제나 약자를 희생시켰다. 그런데 현대에 들어와서는 거의 모든 사람이 물질을 추구하게 되면서 그 양상은 한층 복잡해졌다. 더는 여성만이 물질만능주의의 피해자가 아닌 것이다.

물질만능주의의 역사는 부정부패의 역사와 걸음을 같이해 왔다. 만약 물질만능주의가 없었더라면 부정부패도 없었을 것이다. 정부라는 개념이 등장하자마자 많은 사람들이 돈으로 권력을 가진 사람들을 매수하려고 노력했다는 사실은 역사가 증명하고 있다. 아니, 지금 당장 신문이나 인터넷만 검색해 보아도 쉽게 알 수 있다. 언론을 떠들썩하게 만드는 대규모 부정부패 사건들은 언제나 돈과 관련이 있고, 돈 때문에 양심을 파는 물질만능주의자들과 관련되어 있다.

프랑스에서는 르네상스 시대부터 프랑스 혁명 이전까지의 시기를 '앙시앙 레짐(Ancien Regime, 구체제)'이라고 부른다. 이 시기는 물질만능주의가 팽배했던 때로 왕은 물론이고 사법부, 입법부 등 각 공직 분야에 물질만능주의가 영향이 미치지 않는 곳이 없었다. 심지어 당시 중요한 관직들은 인물의 됨됨이나 능력에 따라 임명되는 것이 아니라 누가 더 많은 재산을 가졌는가에 따라 임명되었다. 이러한 행태는 시간이 흐르면서 더 악화되었

부정부패

부정부패는 주로 어떤 특혜를 바라고 높은 직책에 있는 사람에게 뇌물을 주는 것으로 시작된다. 부당한 방법으로 권력과 결탁하여 이익을 사는 행위인 것이다. 한국에서는 사과 상자나 트럭에 현금을 가득 담아 뇌물로 전달하는 행위가 드러나 사회적으로 문제가 된 일이 있었다. 이러한 사건들 이후로 뇌물을 뜻하는 의미로 '사과 상자'와 '차떼기'라는 용어가 새로 생겨났다. 뇌물과는 전혀 관련 없는 단어가 사회적 현상으로 인해 부정부패를 상징하는 단어로 변화하게 된 셈이다.

고 결국 관직을 사고파는 지경으로 발전했다. 나중에는 가장 비싼 액수를 부르는 사람에게 관직을 파는 일종의 '경매'가 벌어지기도 했다. 처음에는 이런 관직 매매가 개인적이고 비공식적으로 행해졌으나 급기야는 왕이 관직 매매를 법으로 인정하기까지 했다.

월 스트리트

세계 금융의 중심지인 뉴욕의 '월 스트리트'를 아는 사람은 많다. 그러나 월 스트리트라는 이름이 옛날 네덜란드계 이민자들이 아메리카 원주민들의 공격을 막기 위해 벽을 쌓아 올린 데서 유래했다는 사실을 아는 사람은 많지 않다.

Wall street

오늘날 라디오나 텔레비전, 인터넷 등에는 '월 스트리트'라는 지명이 하루에도 수백 번씩 언급되고 있다. 세계에서 가장 유명한 증권거래소인 '뉴욕 증권거래소(NYSE)'가 있는 곳이기 때문이다. 그러나 뉴욕뿐만 아니라 세계의 다른 대도시에도 증권거래소는 있다. 런던, 도쿄, 홍콩, 상하이, 프랑크푸르트, 파리, 서울 등 거의 모든 나라들이 증권거래소를 두고 주식을 사고파는 중이다.

그런데 증권거래란 대체 무엇일까? 증권거래란 간단히 말해 주식을 사고파는 행위를 말한다. 주식은 그 수요와 공급에 따라 가격이 달라지는데 증권거래소에서는 주식거래를 하고 그 주식의 가격을 결정한다.

증권의 종류에는 상품 증권과 금전 증권 등 다양한 종류의 증권이 있다. 상품 증권이란 창고에 보관 중이거나 다른 지역으로 운송 중인 상품과 교환할 수 있는 가치를 지닌 증서를 말한다. 상품 증권은 12~13세기 무렵, 상업의 중심지였던 벨기에와 네덜란드에서 처음 생겨난 것으로 알려져 있다.

금전 증권은 17세기에 이르러서야 영국 런던에서 최초로 생겨났다. 금전 증권은 혜성처럼 등장해 비즈니스 업계의 판도를 완전히 뒤집어 놓았다. 금전 증권이란 쉽게 말해 우리가 오늘날 흔히 사용하는 수표나 어음이다. 개인의 신용을 바탕으로 화폐 대신 사용할 수 있는 증서인 셈이다.

우리가 흔히 증권이라 부르는 증서는 자본 증권으로 분류된다. 자본 증권의 원리는 간단하다. 증권거래소에서는 한 회사의 사업 가치를 증권 시장에 내놓고 개인, 은행 또는 타 회사를 대상으로 자본의 일부를 판매한다. 이렇게 판매되는 자본을 지분이라고 한다. 자본금이 필요한 회사는 증권거래소를 통해 그들 회사의 지분을 판매해 사업 자금을 충당하는데 이때 판매된 지분을 주식이라고 부른다.

주식을 구매한 사람은 해당 회사가 제대로 운영되고 있는지 살펴보고 간섭할 수 있는 권리를 얻게 된다. 또한 회사가 수익을

경제 공황

증권 시장에서 주식의 가격은 판매자와 구매자 사이의 최대 이익이 만나는 균형점에서 형성되기 마련이다. 그런데 주식을 구매하려는 사람이 줄어들면 이 균형점 또한 내려간다. 주식을 팔고자 하는 회사는 많은데 주식을 구매할 사람이 없어지면 주가가 폭락하는 것이다. 주가가 떨어지다 못해 바닥을 치면 주식을 샀던 사람들도 앞다투어 주식을 되팔려고 하는 일이 생긴다. 이러한 현상은 필연적으로 경제 공황을 불러온다.

낼 경우에는 해마다 배당금이라고 하는 수익의 일부를 나누어 받는다. 따라서 증권은 주식을 발행하는 회사 입장에서는 자금을 조달할 수 있는 도구이며 그것을 구입하는 사람들에게는 투자처가 된다. 그렇기 때문에 주식거래는 산업이 발달한 곳이라면 세계 어디에서든 시행되고 있다. 주식거래는 상장 회사의 가치를 평가하거나 석유와 같이 경제 상황에 큰 영향을 미치는 원자재의 가격을 결정하는 기능을 하고 있다.

● 연관 키워드

은어 | 은행 | 비트코인 | **자본** | 영화 | 위조 | 신용 | 신용 카드 | 크로이소스 | 달러 | 기부 | 전자 화폐 | 유로 | **금융** | 일확천금 | 프로이트 | 이익 | 게임 | 금 | 아르파공 | 유산 | 강도 | 면죄부 | **인플레이션** | 보석 | 제롬 케르비엘 | **존 메이너드 케인스** | 돈세탁 | 복권 | 사랑 | 마피아 | 미다스 | 백만장자 | 화폐 | 돈의 재료 | 돼지 저금통 | 권력 | 행복의 조건 | 몸값 | 월급 | 스크루지 맥덕 | 성 | 은수저 | 스포츠 | 세금 | 보물 | 사이비 종교 | 물질만능주의 | **월 스트리트** | 물물교환 | 위안 | 여피족 | 에밀 졸라

물물 교환

화폐를 사용하지 않고 물건과 물건을 직접 교환하는 행위를 물물 교환이라고 한다.

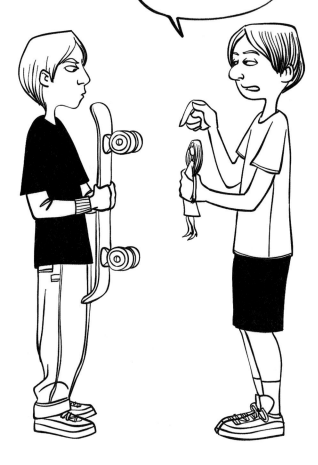

eXchange

아주 먼 옛날, 두 사람이 숲 속에서 우연히 마주쳤다. 한 사람은 조개껍데기로 만든 허리띠를 차고 있었고, 다른 한 사람은 동물 뼈로 만든 칼을 손에 쥐고 있었다. 칼을 든 사람은 조개껍데기를 태어나서 처음으로 보았고, 반짝이는 광채에 마음을 사로잡혔다. 반대로 조개 허리띠를 찬 사람은 칼이 필요했다. 그들은 서로 논의를 나눈 끝에 하나의 합의점을 찾았다. 조개껍데기 네 개와 칼을 맞바꾸기로 한 것이다. 바로 이게 인류 최초의 물물 교환 방식이었다.

그 뒤로 수천 년이 지났지만 오늘날에도 물물 교환을 통한 거래가 활발히 이루어지고 있다. 2008년의 한 통계에 따르면 세계약 40만 개의 기업들이 자신들의 상품을 직접 교환하는 방식으로 거래를 했다고 한다. 이를 돈으로 환산하면 10조 원에 달하는 규모다. 이듬해인 2009년의 조사에는 세계의 물물 교환 거래량이 10퍼센트 늘어난 것으로 나타났다. 이 같은 조사 결과는 경제 위기가 찾아와 시중에 현금이 부족해지면 오늘날에도 대규모의 물물 교환 거래가 충분히 이루어질 수 있다는 증거가 되고 있다.

물물 교환은 인류 역사와 함께 시작되었다. 물건이나 노동을 사람들 간에 맞바꾼다는 개념은 생각보다 자연스럽게 인간의 삶

속에 파고들었다. 인간은 사회적 동물이기 때문에 생존을 위해 서로 돕는 습성이 있다. 물물 교환은 바로 서로 돕는 습성 때문에 생겨난 거래 문화였다. 그래서인지 물물 교환은 인류가 빈곤이나 전쟁을 겪을 때 더욱 성행했다. 제2차 세계 대전 당시에는 물자가 부족했기 때문에 배급표를 받아 생필품을 마련했다. 그런데 사람들은 배급표로 물물 교환을 하기 시작했다. 예를 들어 옷가지를 받을 수 있는 배급표를 주고, 음식을 얻을 수 있는 배급표를 받는 식이었다.

역사적으로 화폐가 생겨난 뒤에도 물물 교환은 계속해서 존재했다. 국내 거래에서는 물론이고 국제 무역에서도 물물 교환은 아직까지 통용되는 거래 방식이다. 특히 환전 가능한 화폐가 없거나 공신력이 없다고 여겨지는 화폐를 사용하는 나라와 교역할 때는 주로 물물 교환을 사용한다. 물물 교환이 가능한 것은 다양한 종류의 물건이나 토지와 같은 물질적인 것일 수도 있고 서비스나 지식 등 비물질적인 것일 수도 있다. 물물 교환의 형태는 주고받는 물건의 성격이나 거래하는 사람의 수에 따라 다르게 결정된다.

● 연관 키워드

위안

Yuan

중국은 자본주의를 도입하면서부터 세계 경제의 핵으로 부상한 나라다. 13억 5천만이라는 어마어마한 인구를 자랑하는 중국. 위안화는 수많은 중국인들이 사용하는 중국의 화폐다.

Yuan

제2차 세계 대전이 끝난 뒤부터 최근까지 국제적으로 통용되는 기축화폐는 미국의 달러였다. 그러나 이제 21세기의 기축화폐는 중국의 공식 화폐인 '위안'이라고 할 수 있다. 이유는 간단하다. 한 국가의 화폐가 가지는 힘은 해당 국가의 경제력과 직결되기 때문이다. 2010년 중국은 미국에 이어 제2의 경제 강국으로 자리매김했으며 세계 제일의 강대국으로 떠올랐다. 중국은 지리학적 규모 면에서도 남한 면적의 96배에 달하며, 인구 면에서도 13억 명이라는 엄청난 수를 자랑하는 대국이다. 이러한 중국이 현재 전 세계를 상대로 '화폐 전쟁'을 벌이고 있다.

수 년 전부터 중국 정부는 달러, 유로, 엔 등의 다른 나라 화폐에 비해 위안화의 가치를 낮게 책정하고 있다. 또 낮은 가치를 유지하기 위해 매일 수십억 달러 어치의 외화를 사들이고 있다. 달러, 유로 등의 화폐가 시중에 적게 유통되면 그 가치가 올라간다. 그렇게 되면 상대적으로 위안화의 가치가 낮아지게 되는 것이다. 이러한 노력을 통해 중국 정부는 자국의 제품을 더 낮은 가격에 팔 수 있게 되었다. 세계 곳곳에서 중국에서 만든 값싼 물건들을 더 많이 사용하게 되었고, 그 결과 중국은 '세계의 공장'이라 불릴 정도로 제조업에 강한 나라가 되었다.

2014년을 기준으로 1달러는 약 6.1위안이며 1유로는 약 7.7위안이다. 한화로는 1,000원이 약 5.5위안이다. 만약 위안화가 재평가되어 1,000원이 3위안으로 그 가치가 올라간다면 어떻게 될까? 위안화의 화폐 가치가 올라가게 되면 시장에서 흔히 보는 중국 제품의 가격이 크게 비싸질 것이다. 그렇게 되면 중국산 제품의 가격 경쟁력이 떨어지고 중국 경제가 악화된다. 중국 정부가 위안화 평가 절상에 반대하는 이유는 바로 여기에 있다. 화폐 전쟁은 아직도 진행 중이다.

일본 엔

세계 경제에 큰 영향을 미치는 주요 화폐로는 달러, 유로, 위안이 있다. 하지만 그 외에도 일본 엔을 중요한 화폐로 꼽을 수 있다. 일본 엔이 중요한 화폐로 떠오른 배경에는 1960년부터 1990년대까지 30여 년 동안 눈부신 발전을 이룬 일본 경제가 있다. 일본은 특히 전자 제품 생산 분야에서 탁월한 기술력을 선보여 한때 미국 다음으로 가장 영향력 있는 강대국의 자리를 차지하기도 했다. 그러나 최근에는 일본이 이웃 국가인 중국에 뒤처지고 있어 일본 엔이 예전처럼 핵심적인 화폐로서의 역할을 수행하기는 어려울 것으로 보인다.

● 연관 키워드

은어 | 은행 | 비트코인 | 자본 | 영화 | 위조 | 신용 | 신용 카드 | 크로이소스 | 달러 | 기부 | 전자 화폐 | 유로 | 금융 | 일확천금 | 프로이트 | 이익 | 게임 | 금 | 아르파공 | 유산 | 강도 | 면죄부 | 인플레이션 | 보석 | 제롬 케르비엘 | 존 메이너드 케인스 | 돈세탁 | 복권 | 사랑 | 마피아 | 미다스 | 백만장자 | 화폐 | 돈의 재료 | 돼지 저금통 | 권력 | 행복의 조건 | 몸값 | 월급 | 스크루지 맥덕 | 성 | 은수저 | 스포츠 | 세금 | 보물 | 사이비 종교 | 물질만능주의 | 월 스트리트 | 물물교환 | 위안 | 여피족 | 에밀 졸라

Yuppie

여피족

여피족이란 용어는 꽤 오랜 세월 동안 사용되어 온 말이다. 그리고 오랜 세월을 거치면서 그 의미도 점차 변해 왔다.

Yuppie

1980년대만 해도 여피족(Yuppie ; Young Urban Professional)은 금융가 중심에서 활동하는 젊은 경영인이나 전문 엔지니어들을 가리키는 말이었다. 그들은 뉴욕, 런던, 파리, 마드리드 등 대도시 지역에 모여 살았고 세련된 취향을 가진 젊은이들이었다.

미국의 월 스트리트에서 생겨난 여피족이라는 말은 돈과 성공을 핵심적인 가치로 여기는 새로운 사회 계층을 의미했다. 젊고 세련된 부자 계층을 가리키는 말이었기 때문에 이들을 다른 말로 '골든 보이(Golden boy)'라고도 불렀다.

그러나 1987년 지나친 투기로 인해 세계 증권 시장이 무너져 내렸다. 전 세계적인 대공황이 찾아왔고 그 뒤로 여피족의 이미지는 완전히 바뀌었다. 여피족이라는 단어는 이기적이고 양심도 없으며 오로지 돈 버는 데만 온 관심을 쏟는 사람을 가리키게 되었다.

1987년에는 여피 문화를 다룬 영화 '월 스트리트'가 세계의 스크린을 장악했다. 영화의 주인공인 고든 게코는 추잡스러운 돈 욕심을 부리는 월 스트리트의 젊은 금융가로 등장한다. 영화에서 고든은 어떤 양심의 가책도 느끼지 않고 오로지 수백만 달러를 손에 쥘 생각만 머릿속에 가득한 사람으로 그려졌다.

결국 '여피'라는 단어는 과거의 좋았던 의미와는 다르게 오로지 돈만을 생각하는 물질만능주의적인 기회주의자를 가리키는 말이 되었다.

그러나 세월이 흐른 지금은 이 여피라는 단어 자체가 잘 사용되지 않는다. 그 대신 도시 지역에 살며 전문직에 종사하는 사람들의 삶을 그린 드라마나 영화가 다시 인기를 얻고 있다. 최근의 이러한 변화는 여피족과 같은 삶을 동경하게 된 사람들이 다시 늘고 있다는 사실을 말해 주는 것은 아닐까?

●연관 키워드

은어 | 은행 | 비트코인 | 자본 | 영화 | 위조 | 신용 | 신용 카드 | 크로이소스 | 달러 | 기부 | 전자 화폐 | 유로 | **금융** | 일확천금 | 프로이트 | 이익 | 게임 | 금 | 아르파공 | 유산 | 강도 | 면죄부 | 인플레이션 | 보석 | **제롬 케르비엘** | 존 메이너드 케인스 | 돈세탁 | 복권 | 사랑 | 마피아 | 미다스 | 백만장자 | 화폐 | 돈의 재료 | 돼지 저금통 | 권력 | 행복의 조건 | 몸값 | **월급** | 스크루지 맥덕 | 성 | 은수저 | 스포츠 | 세금 | 보물 | 사이비 종교 | **물질만능주의** | **월 스트리트** | 물물교환 | 위안 | **여피족** | 에밀 졸라

에밀 졸라

Zola

문학 작품 중에는 돈을 주제로 다룬 작품이 많다. 에밀 졸라의 작품 중에도 돈의 본질을 다룬 작품이 있다.

Zola

현대 문학에서도 돈은 작가들이 자주 그리고 중요하게 다루고 있는 주제다. 하지만 19세기 프랑스 문학계에서 돈은 가장 주목받는 주제였다. 프랑스 문학에서 19세기는 돈의 소설가라는 별명을 가진 발자크부터 플로베르, 스탕달, 빅토르 위고, 에밀 졸라와 같은 수많은 작가들이 활동하던 시기였다. 이들 프랑스 문학의 거장들은 사회를 세심하게 관찰했고, 돈이 어떻게 개인의 삶에 권력을 휘두르는지를 자신만의 방식으로 그려 세상에 발표했다. 이 시기에는 크레디 리오네, 소시에테 제네랄, 크레디 아그리콜, 크레디 뮤튀엘과 같은 대형 은행들이 프랑스에 처음 생겨났고 파리에서는 증권 시장이 크게 발달했다.

1891년 유명한 기자이자 인기 작가였던 에밀 졸라는 실화를 바탕으로 한 《돈(L'Argent)》이라는 작품을 발표했다. 이 작품은 주인공 아리스티드 사카르가 '유니버설 은행'(가상의 이름이지만 실로 잘 고른 이름이다!)을 창립한 뒤 흥망을 거치는 과정을 그린 독특한 작품이다. 작품 속에서 아리스티드는 쉽고 빠르게 돈을 벌 수 있다는 말로 소액 투자자들을 끌어들인다. 게다가 유니버설 은행의 주가를 인위적으로 끌어올리기 위해 언론에 거짓 소문을 퍼뜨리기까지 한다. 그러나 아리스티드의 노력에도 불구하고 유니버설 은행은 가혹할 정도로 폭삭 망하는 길을 걷게 된다.

흥미로운 점은 소설이 발표된 지 한 세기가 흘렀음에도 이 소설의 내용이 현실에서 반복되고 있다는 점이다. 그 때문에 오늘날에도 에밀 졸라의 《돈》은 현대 사회의 충격적인 현실을 포착해낸 소설로 여전히 인정받고 있다. 자고로 역사는 반복된다더니 틀린 말이 아닌가 보다.

● 연관 키워드

은어 | 은행 | 비트코인 | 자본 | 영화 | 위조 | 신용 | 신용 카드 | 크로이소스 | 달러 | 기부 | 전자 화폐 | 유로 | 금융 | 일확천금 | 프로이트 | 이익 | 게임 | 금 | 아르파공 | 유산 | 강도 | 면죄부 | 인플레이션 | 보석 | 제롬 케르비엘 | 존 메이너드 케인스 | 돈세탁 | 복권 | 사랑 | 마피아 | 미다스 | 백만장자 | 화폐 | 돈의 재료 | 돼지 저금통 | 권력 | 행복의 조건 | 몸값 | 월급 | 스크루지 맥덕 | 성 | 은수저 | 스포츠 | 세금 | 보물 | 사이비 종교 | 물질만능주의 | 월 스트리트 | 물물교환 | 위안 | 여피족 | 에밀 졸라

퀴즈

각 문제에는 답이 여러 개 있을 수 있다. 정답은 1점, 답을 모를 때는 0점, 틀리면 1점을 빼자. 공정하게 채점해야 한다!

01 월 스트리트란?
① 록 밴드 이름
② 뉴욕의 길 이름
③ 슈퍼마켓 체인 이름
④ 미국 증권 거리의 이름

02 크로이소스는?
① 프랑스의 은행가
② 만화에 나오는 미국 영웅
③ 그리스 재무부 장관
④ 돈이 많기로 유명한 왕

03 '은수저를 입에 물고 태어났다'의 뜻은?
① 어린 시절에 남보다 빨리 이유식을 먹었음
② 부유한 집안에서 태어남
③ 의사 집안에서 태어남
④ 은광이 있는 지역에서 태어남

04 지그문트 프로이트가 만든 것은?
① 정신분석학
② 신용 카드
③ 슬롯머신
④ 저금통

05 칼 마르크스가 쓴 책은?
① 《돈과 구원》
② 《희대의 사건》
③ 《수전노》
④ 《자본론》

06 여피족이란?
① SNS를 이용하는 사람
② 금융가에서 일하는 부유한 사람
③ 유쾌한 사람
④ 돈을 세탁하는 사람

07 돈을 세탁한다는 것은?
① 불법적으로 번 돈을 양잿물로 담가 흔적을 없애는 것
② 불법적으로 번 돈을 합법적인 활동에 써 흔적을 없애는 것
③ 불법적으로 번 돈을 세제로 닦아 흔적을 없애는 것
③ 불법적으로 번 돈을 경찰에 넘겨 흔적을 없애는 것

08 알 카포네는?
① 미국의 조직폭력배
② 세탁소 체인 사장
③ 이탈리아식 스파게티 요리
④ 경제학자

09 '크로이소스처럼 돈이 많다'의 반대말은?

① 밥처럼 가난하다
② 욥처럼 가난하다
③ 장처럼 가난하다
④ 미다스처럼 가난하다

10 브레턴우즈 체제를 나타내는 유명한 표현은?

① 달러는 금이다
② 유로는 달러다
③ 금은 달러다
④ 은은 금이다

11 유로화 지폐와 동전이 처음 유통되기 시작한 해는??

① 1992년
② 2002년
③ 1990년
④ 2000년

12 물질만능주의란?

① 빚을 지는 것
② 은행에서 일하는 것
③ 돈을 최고의 가치로 여기는 것
④ 돈을 많이 쓰는 것

정답

1. ④ 2. ④ 3. ② 4. ① 5. ④ 6. ② 7. ② 8. ① 9. ② 10. ① 11. ② 12. ③

-12~-1점

절대 주식 투자는 하지 마세요!

0~5점

돈을 열심히 벌어야겠어요.

6~12점

경제학 교수가 부럽지 않네요!

맺는 말

돈이 많은 사람이든 적은 사람이든 이 책을 읽는 동안 돈이라는 물건에 대해 다시 한 번 생각해 보게 되었을 것이다. 돈과 관련된 주제가 이렇게나 많다는 점에 대해서 새삼 놀라게 된 사람도 있을 것이다. 돈은 우리가 생각하는 것보다 훨씬 더 복잡하고 신기한 물건이다. 한 사람의 인생을 완전히 뒤바꾸어 놓는가 하면 세상을 불행하게도, 행복하게도 만든다.

세계를 뒤흔들었던 2008년 세계 경제 위기 이후 돈은 새삼 우리 모두의 삶에서 중요한 문제가 되었다. 돈에 대해 초연한 사람이든, 돈을 밝히는 사람이든, 혹은 현재 은행 계좌에 얼마나 많은 돈을 가지고 있든 그런 건 이제 상관없어졌다. 이제 돈은 누구에게나 중요한 주제다. 경제 위기로 인한 세계적인 불황을 겪으면서 현대인에게 돈은 삶의 질의 문제이며, 생존의 문제가 되었다.

그래서인지 최근에는 어디에 가든지 경제가 어렵다는 말이나 삶이 팍팍해졌다는 말을 많이 들을 수 있다. 사회 이곳저곳에서 파산하거나 빈곤한 삶을 살아가는 사람들의 이야기가 심심치 않게 들려 온다. 어쩌면 지금 이 순간에도 누군가 재산을 날리고 빈곤층으로 전락하고 있을지도 모른다.

엄청나게 많은 재산을 가진 재벌들도 이전에 비해 수익이 줄어 힘겹게 회사를 경영한다고 말하는 사회가 되었다. 중산층은 무너져 내렸고 가난한 사람들은 더 가난해졌다. 물이나 석유 같은 천연 자원처럼 돈 역시 점점 고갈되어 가고 있는 것은 아닌지 의심이 들 지경이다. 하지만 돈은 전혀 고갈되지 않았다. 석유나 물과는 달리 돈은 사람이 만들어 내는 물건이기 때문이다. 2008년 금융 위기 이후로도 돈은 단지 '주인만 바뀌어' 세상을 떠돌고 있다.

지난 수 세기 동안 돈의 흐름은 유럽, 미국 등의 서구 사회와 일본 등지에 집중되었다. 하지만 이제 돈은 소위 '신흥국'이라고 불리는 중국, 인도, 브라질 등 미래의 경제 강국 쪽으로 옮겨 가고 있다. 특히 중국의 부상은 놀라울 정도다. 그러나 전통적인 경제 강국인 미국과 일본, 유럽의 반격도 만만치 않다. 세계는 돈을 둘러싸고 치열하게 경쟁하고 있으며 마지막 승자가 누가 될지는 아무도 모른다.

인류 문명과 역사가 그랬던 것처럼 돈 역시 앞을 내다보기 어려운 복잡한 길을 걸어가고 있다. 그 누구도 돈의 미래를 섣불리 예측하기는 힘들다. 우리가 돈과 관련해 확신할 수 있는 단 한 가지는 인류가 존재하는 한 언제나 돈이 부의 상징으로서 거기에 있을 거라는 점이다.

청소년 지식수다5
돈을 알면 세상이 보일까?

알렉상드르 메사제 지음 | 김보희 옮김 | 노상채 감수

초판 인쇄일 2015년 4월 22일 | 초판 발행일 2015년 4월 30일
펴낸이 조기룡 | 펴낸곳 내인생의책 | 등록번호 제10-2315호
주소 서울시 강서구 가양동 52-7 강서 한강자이타워 A동 306호
전화 (02)335-0449, 335-0445(편집) | 팩스 (02)6499-1165
전자우편 bookinmylife@naver.com | 카페 http://cafe.naver.com/thebookinmylife
편집장 이은아 | 편집1팀 조정우 이다겸 이지연 김예지 | 편집2팀 박호진 이동원
디자인 안나영 김지혜 | 경영지원 김지연 | 마케팅 김정삼

LE FRIC C'EST CHIC
BY Alexandre Messager & Pacco
Copyright ⓒ GULF STREAM EDITEUR (Saint-Herblain), 2012
Korean translation copyright ⓒ TheBookinMyLife Publishing Co. Ltd., 2014
All rights reserved.
This Korean edition was published by arrangement with
GULF STREAM EDITEUR (Saint-Herblain)
through Bestun Korea Agency Co., Seoul

이 책의 한국어판 저작권은 베스툰 코리아 에이전시를 통해
저작권자와의 독점계약으로 도서출판 내인생의책 에 있습니다.
저작권법에 의해 한국 내에서 보호를 받는 저작물이므로 무단전재와 무단복제를 금합니다.

ISBN 979-11-5723-159-1 44300
ISBN 978-89-97980-93-2 44300(세트)

이 도서의 국립중앙도서관 출판시도서목록(CIP)은 서지정보유통지원시스템 홈페이지(http://seoji.nl.go.kr)와
국가자료공동목록시스템(http://www.nl.go.kr/kolisnet)에서 이용하실 수 있습니다.
(CIP제어번호: CIP2015010822)
책값은 뒤표지에 있습니다. 잘못된 책은 구입처에서 바꾸어 드립니다.